김치
김치
김치
김치
김치
김치
김치
김치
김치
김치

好好逛！

韓妞都說讚！

可愛首爾小旅行

KOREA

作者 | 攝影

可愛時尚達人 **娃娃**

（潘妮達 · 妍席莉諾帕昆）

插圖 | 妮塔 · 齊娜萊

翻譯 | 璟玟

作者序
心中的「輕」聲音

從小，無論距離遠近，不管是出遊、過夜或僅僅數小時，我都離不開父親、母親、哥哥、姊姊或朋友們的陪伴，不知道從什麼時候開始，腦海裡出現了想一個人旅行的念頭，就好像聽見內心有個聲音正在問我：如果有機會可以單獨旅行，會是什麼樣子呢？是不是能夠獨立照顧自己呢？會不會迷路找不到原來的地方呢？……還有許許多多想像的情景，等到回神過來時，手上已經多了一張韓國的來回機票了。

選擇前往韓國的理由很單純，因為離泰國近、不用簽證（編註：台灣和泰國護照去南韓免簽證），而且有朋友在那裡（最後這個理由佔的比例非常重，後來每當想一個人去哪裡旅行時，這個理由都被列為首要考慮的條件）。當我理出這三項優點之後，也到了該出發的時間了。

記得出發當天，親友警告我，一個女生單獨入境韓國是很容易被遣返的，因為去韓國不需要簽證，能不能入境全在於海關是否信任你，讓你過關入境。除了第一次一個人旅行讓我緊張得要死之外，之後又陸續發生許多讓我緊張不斷的事，實際經歷過後，我發現那些原本擔心的事情，其實比想像中簡單多了，等我回神過來，發現自己已經身在韓國，正對眼前的新鮮事物興奮不已。

自從第一次到韓國旅行之後，接著又有許多機會一再造訪，我看見韓國不斷地改變，增添了許多新鮮元素，每一次到訪，都讓人很想知道這次它又會展示出什麼樣的新景點，而這一切都收錄在這本小小的旅遊書中，記錄我的親身體驗和造訪的路線、店家、街道、景點，有些地方即使去過，也還想再去一次，想和朋友一起鑽進首爾的大街小巷冒險。希望《好好逛！韓妞都說讚！首爾可愛小旅行》可以和你一起搭肩、牽手、摟腰，在韓國街道上並肩遊逛，度過一趟開心的旅程。

曾有人說過，當你有足夠的時間和自己相處，就會聽見「心裡的聲音」正在對你說話，那個聲音只有自己聽得見，試著停下來仔細聽聽，說不定，它正在對你說：「到了該一個人旅行的時候了喔！」

可愛時尚達人 娃娃
（潘妮達 · 妍席莉諾帕昆）

推薦序
一個人的小旅行，真好

每次我聽到有人準備「一個人旅行」，都會感到非常驚訝：「好厲害！一個人也可以出國旅行。」會感到驚訝，不是因為欣賞對方擁有面對寂寞的能力，而是佩服對方知道一個人要怎麼旅行、可以去哪些景點、如何尋找吃的住的地方。現在自助旅行的資訊相當發達，一個人旅行其實並不難，只要有一本旅遊手冊就可以了。

然而，就是這些旅遊手冊，讓旅行社業者開始坐立難安，因為他們的客人從過去跟著導遊趴趴走，逐漸轉變成跟著旅遊手冊趴趴走了。

旅遊手冊其實和導遊沒什麼不同，一樣擁有各自的風格、生命、喜好、吸引人的特色，還有各自的品味。如果有一本旅遊手冊和你志趣相投，那麼你將擁有一趟快樂的旅程，反之，這趟旅行也許就會乏味無趣。

現在越來越多人選擇不跟團出國，被送進各大小書局的旅遊書也就越來越多。過去出版的旅遊書比較大眾化，適合各種喜好的旅客，現在更出現背包客、輕旅行的專門旅遊書，也就是說，讀者有更多機會選擇真正適合自己的旅遊書。記得三年前我到南韓旅行，書架上陳列的韓國旅遊書只有兩三本而已，而且內容都差不多，現在則是琳瑯滿目，符合各種旅遊需求。

撰寫一本優質的旅遊書其實不容易，作者必須善於尋找、好奇、喜歡比較，並且喜歡嘗試新鮮事物，而且書的內容不只要有豐富的旅遊資訊，更重要的是作者親身體驗過的心得分享，才能給讀者最真實、精華的建議與推薦，若只是擷取自網路資訊或遊客中心的資料，就只是一般流於泛泛的旅遊書了。

這次娃娃以全新的主題「可愛小旅行」帶大家玩不一樣的首爾，詳細介紹該怎麼玩最有趣、最實際，不同於市面上一般的旅遊書，能讓讀者更充分地享受旅遊的樂趣！

讀完娃娃的《好好逛！韓妞都說讚！可愛首爾小旅行》，就想起自己當年去韓國旅行時，許多書裡介紹的路道、地區和店家，我也曾去過，但沒有像娃娃這樣，每一家店都推開門深入造訪。為什麼她可以蒐集到這麼多細節？許多地區、店家，以及她提到的許多資料，都是其他旅遊書沒有的，全都是她認真親自造訪過的經驗談。

我偷偷問過娃娃，她介紹的每一家店，是不是真的都親自去過，她大聲回答，是真的去過，推薦的美食也是自己吃過的。娃娃告訴我，她去過韓國這麼多次，造訪的地方比書裡寫的多太多了，但是只有真的很讚、很值得推薦的店家她才會寫進書裡。

娃娃是個可愛、有品味、友善的人，她的旅遊書也是如此。

相信很多人想前往韓國一探究竟，同時也享受一趟輕鬆的旅行，現在，實現這個願望一點都不難。

只要有一本《好好逛！韓妞都說讚！可愛首爾小旅行》就可以上路了。

A DAY 雜誌編輯

松格洛德
Songklod Bangyikhan

出版社序
韓國究竟有什麼好？

可愛時尚達人娃娃又回來了，這次要帶大家來趟可愛首爾小旅行，造訪韓國這個讓全世界驚嘆的美麗國度。近年來，韓國的飲食、流行娛樂和文化產業來勢洶洶，幾乎要打敗曾是文化輸出冠軍國的美國和日本，爭奪冠軍寶座的較勁意味濃厚，而韓國人對此可是信心十足。

韓國究竟有什麼好？

一般人也許不會這麼問，但跟不上流行、從沒看過任何韓劇的我，還是忍不住問了這個問題，而我身邊的朋友往往說得天花亂墜，興奮地向我講述韓國電影與偶像劇，那口沫橫飛的模樣，絕對不是看完肥皂劇的盲目崇拜，而是韓國文化產業真的一直在進步！

如今韓國男子偶像團體的粉絲尖叫聲，比我印象中日本偶像的粉絲尖叫聲勢更浩大。

韓國一定有什麼好，就算還沒有親自調查做功課，但我絕對相信這點，畢竟呈現眼前的證據實在非常多啊！

好吧，對於不是韓國粉絲的讀者來說，也許只是不小心拿起了這本可愛的首爾小旅行指南書，不小心讀到了這一段序文，但是讓我們再給韓國一個解釋的機會，看看它到底有什麼好。其實也不是它自己解釋啦，而是有個人自願代替它向大家說明，這個人就是 A Book 和 A Day 的姊妹雜誌〈 Knock Knock! Knock! Book 〉小旅行系列的主人翁娃娃（潘妮達・妍席莉諾帕昆），她也是暢銷書《東京小旅行手冊》的作者喔！

這一次，潘妮達依然非常優秀地執行了可愛女導遊的任務，帶我們去探索韓國各個吸引人的可愛角落，就連我這個滿臉鬍渣的大男人看了，也忍不住會心一笑。

還有出現在美美的照片中、活靈活現的可愛手繪人物，全都出自妮塔（譯註：《不說話，只畫畫！》的作者）的巧筆，似乎已經是娃娃旅行書的常客，變成註冊標誌了。

那麼，現在有請讀者跟著這本《好好逛！韓妞都說讚！可愛首爾小旅行》一起上路吧！

Polkadot 出版社

普在・布恩辛素
Phumijai Boonsinsuk

目錄 CONTENTS

SEOUL

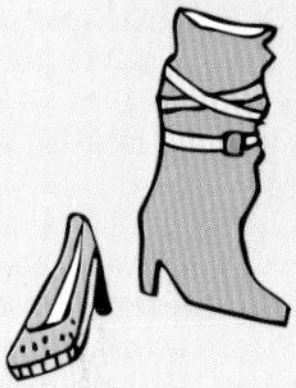

1-2-3!
cheeseeee....

친

Seoul
절

ARE YOU READY?
耶！
準備好啦！
KOREA

GO！前進韓國

已經準備好要去韓國玩了嗎？如果還沒準備好的話，不用擔心，韓國擁有一套很棒的旅遊資訊系統，你可以到位於 Esplanard 百貨公司（譯註：位於曼谷市中心的百貨公司）內的韓國旅遊諮詢中心（Korea Plaza），索取韓國旅遊局印發的多國語言版旅遊指南，或到 www.kto.or.th 網站搜尋。台灣的韓國旅遊資訊及交通指南請參考本書 220 頁。

但我建議試著利用 http://english.visitkorea.or.kr 網站內的一個頁面「Travel Planner」，可以簡單規劃韓國旅行的行程，點進去之後會看到讓你自己設計行程的程式，只要輸入有興趣的內容，無論是想來一趟文化之旅、血拼購物之旅或者節慶旅行等等，都可以輕鬆規劃。也有詳細的地區分類，最後還有目的地的周邊資訊介紹，餐廳、住宿、酒吧等等，每個店家都有相當完整的資料，完成之後還可以把行程規劃表列印出來，方便隨身攜帶。

我在找資料和規劃行程時，就能想像到自己的旅程一定很好玩，彷彿踏上了期待已久的國度，眼前已看見一些畫面，手上也有初步的資料。等到真的站在那些地方時，更加確定自己先前準備的資料，一點都不輸給專業旅行社。

N首爾塔看世界

N首爾塔

N首爾塔（N Seoul Tower）高479m，是韓國著名的地標之一，高度僅次於位於加拿大多倫多的西恩塔（CN Tower）。

N首爾塔是吸引觀光客的景點之一，位於南山（Namsan），入口在南山公園（Namsan Park）。很多韓劇都在這兒取景，更為這座塔增添不少人氣。我注意到很多觀光客對於這裡曾拍過哪些韓劇、演過哪些劇情都如數家珍，我自己也一樣，就是會忍不住想讓自己有參與感吧！可見韓劇果然是促進韓國觀光最好的媒介。

N SEOUL TOWER

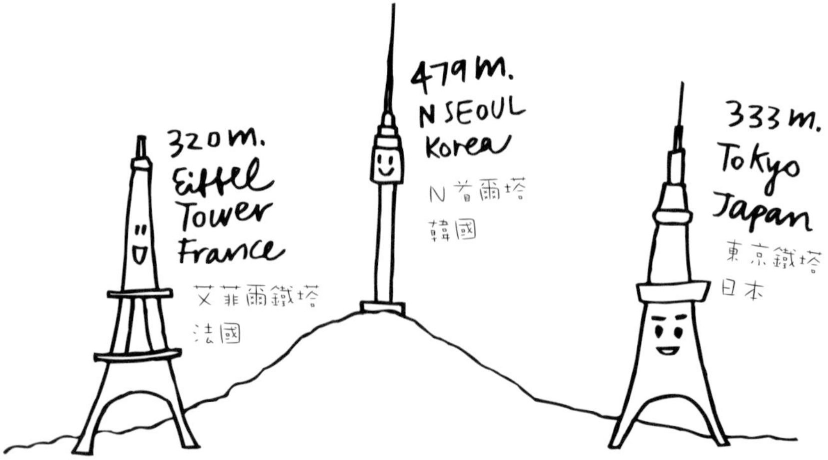
320m.
Eiffel Tower France
艾菲爾鐵塔
法國
479m.
N SEOUL Korea
N首爾塔
韓國
333m.
Tokyo Japan
東京鐵塔
日本

SEOULTOWER
N
서울타워
정크아트
특별체험전
N SEOULTOWER JUNKART FESTIVAL
INFORMATION

去N首爾塔有兩個方法，一是靠兩條腿，二是搭纜車。搭乘纜車的話要花點錢買票，但可以沿路俯瞰韓國風景。到了觀景台，早上可觀賞首爾全景，晚上則有不同於白天氣氛的浪漫夜景。

兩種我都試過了，我個人比較喜歡早上的感覺，空氣非常清爽，尤其是春天的時候，呼吸的空氣清新得不得了。入夜之後，五彩繽紛的萬家燈火有如繁星浩浩，卻摻雜了一點點的寂寞氛圍……

不過，無論什麼時候上去N首爾塔，人潮都非常多，有一次還排隊排了一個多小時，果真是熱門觀光景點。韓國人自己也很喜歡來這裡看看風景、拍拍照。如果是白天，來這裡進行戶外教學的學生比一般遊客還要多。

若想上去塔頂必須另外付費搭電梯。塔的頂層就和一般鐵塔一樣，有可以讓觀光客拍照的景點，玻璃上會貼著各國名稱，以及距離首爾塔多遠的數字。

還記得一個人來的時候，透過清澈的玻璃遙望遠方，寂寞的氣氛令人忍不住流淚，光是這樣的高度與無垠天空的寬度，就足以讓我們的想像力飄到遙遠的彼方……

參觀完N首爾塔之後，不妨到 Sweet Tree 嘗試一下複合式義大利美食，一邊吃 pizza 或義大利麵，一邊眺望美景，會讓食物更美味喔！

到N首爾塔之前，你會看到一個巨型的金剛大魔神（Great Mazinga）站在首爾動畫中心及動畫之家博物館（Seoul Cartoon Museum and Animation Center）前歡迎你。進去裡面看看也很有趣，讓人回憶起童年時光。裡面除了有許多動漫角色的模型，還收藏了韓國動漫產業的相關紀錄。

INSADONG
仁寺洞・藝術街

仁寺洞

想在韓國尋訪小畫廊或大小博物館一點都不難，尤其是在Insadonggil 這樣的文化保護區，沿路兩旁都是古老的樓房，同時穿插著當代藝術展覽，呈現出新舊文化的完美融合。

這裡還有傳統的美術工具商店，販賣米紙、水彩筆、顏料與帆布畫框等等，充滿了熟悉的懷舊氣味，無論是顏料或木框的味道，都讓喜愛傳統文具店的人回味無窮。如果你想當個素人畫家，到仁寺洞尋購相關工具準沒錯，或者沿街品嘗零食甜點，也是一種漫步仁寺洞的魅力所在。

Gana Art Space 藝廊

這是一間展示韓國與來自各國現代藝術作品的藝廊，位於仁寺洞，外觀看起來只是棟普通的商業大樓，但 Gana Art Space 其實建立於 1983 年，正是韓國當代藝術發展初期的年代。而後期新建的大藝廊則位於平倉洞（Pyeongchang-dong）。

你可以在仁寺美術中心（Insa Art Center）搭乘接駁車，除了每週一休息外，每日 11:30、14:00 與 15:00 都提供接駁服務，搭乘費用一人 1000 韓幣，還可以順便觀光街景。另外，別忘了去一趟 Gana Art Shop，這兒販售各式美術工具，種類相當齊全，絕對是藝術家與畫家不可錯過的寶庫。

INFO

Gana Art Space

★**地址**

188 Kwanhoon-Dong, Jongno-Gu, Seoul, Korea

ssamziegil

Artside 藝廊

不定期展示亞洲藝術家的作品，特別是來自中國的知名藝術作品，是來到仁寺洞值得造訪的藝廊之一。

Artside 隔壁大廈的二樓，有一間展示著可愛小玩具、玩偶，以及各年代卡通模型的藝廊，店內充滿了懷舊玩具，可以一邊參觀一邊回憶童年的樂趣，參觀門票一人 1000 韓幣。

INFO

Artside

★**地址**

170 Gwanhundong, Jongno-gu, Seoul, 110300

Ssamziegil

在 Creative Live Store 藝廊的三樓聚集了許多年輕創作者，提供空間讓他們販賣自己的手作藝品，看似與仁寺洞一帶的古典風格不搭，卻另有一種當代藝術新風貌。這一帶是我最喜歡、也玩得最開心的地方。

INFO

Ssamziegil

★**地址**

38 Gwanhundong, Jongno-gu, Seoul

這一帶分成數間小店面，販賣各式可愛的商品，令人目不暇給，怎麼逛都逛不膩。來 Ssamziegil 一定要逛的就是飾品，每一家都有自己的創意、主題與特色，每一層樓的走道上，沿路都有新奇玩意兒的小攤子，讓你不停下腳步也難。

這裡飾品店林立，是因為 Creative Live Store 的老闆就是靠飾品起家的。成立自己的品牌「Ssamzie」後廣受歡迎，慢慢才拓展為 Creative Live Store ，希望能為來這裡的人啟發靈感，一起支持創意商品的延續與發展，興盛韓國的文化創意產業。

Ssamziegil 是複合式商場，還會輪流舉辦不同的展覽，大部分的展覽不單只是展出作品，也會搭配場地設計適當的藝術主題，廣邀各地藝術家一起來創作與設計，為 Creative Live Store 妝點出百變面貌，激盪出更多創意火花。

Ssamzirgil 的店家會輪流換位置，而且不斷有新店家進駐，有些原本在走廊上擺攤的店家也升格成店面，每次來都不一樣，真的是逛再多次都不會膩，而人氣店家也依舊屹立不搖。

Luielle 帽子博物館

* 位於 Ssamzie 一樓

這家店只賣帽子，是一家揚名國際設計界的帽子名店喔！雖然店面小小的，但卻擺滿了各種款式的帽子，進到店內讓人彷彿置身帽子的藝術歷史博覽會，展示了各時代的帽子，從古老時代到最新流行的各式帽款，應有盡有。

帽子的設計團隊由 Shirly Chun 女士帶領，她曾到法國進修帽子設計與製作，是韓國著名的帽子設計師。這家店的特色在於每一頂帽子的設計與選用材料都別出心裁，令人好想一一試戴，看看哪一頂帽子最適合自己！

SSBA

怪怪塗鴉的生活文具用品

* 位於 Ssamzie 二樓

SSBA 算是從小攤販起家，以無厘頭又幽默的塗鴉風格，在創意市集內慢慢凝聚人氣、打開知名度，受到創意、藝術上的支持，進而成為知名品牌的成功例子之一。

SSBA 的設計者 Jang Yun-mi ，是一位平面造型設計者，因為厭倦了上班生活，於是設計了一些表情機車、長相奇怪的角色來發洩生活的苦悶，角色的動作也令人忍不住會心一笑。起初先設計日記本、記事本、便利貼等等，後來 Jang Yun-mi 帶著她的塗鴉人物們，從塗鴉在中古車上，到一躍成為店面，逐漸吸引大眾的注意。

短短兩年的時間， SSBA 已經是韓國家喻戶曉的塗鴉角色，現在於 Ssamzie 也擁有專賣店，增添了眾多商品供消費者選購，除了文具之外，還有陶瓷、玻璃、花瓶、調味料罐等等可愛小物。目前已經有三家分店，這些塗鴉角色們詼諧逗趣表情的周邊商品，也可以在一般精品店與書店看到呢！

Between Pages Book Café

* 位於 Ssamzie 三樓

有沒有人和我一樣，如果一個人去吃飯或喝咖啡，會隨身帶一本書去看？或者在書店站著看書太久，就會有一道來自店員的目光盯著你，讓你想趕緊離開現場？以上我說的兩個問題，在 Between Pages Book Café 都不會發生。

這裡有一櫃一櫃的書籍與雜誌讓你輕鬆選讀，也不用擔心有人來趕，還可以一邊品嘗蛋糕或咖啡。老闆認為現在能夠讓人專心且適合閱讀的地方很少，所以開了這家店，希望為想要享受閱讀的人創造一個優質的環境。這家店屬於 Maya Media 公司旗下，該公司還創辦了 Esquire、Harper's Bazaar 與韓國版的 Motor Trend 等雜誌。

店裡的氣氛正如同老闆的理念，悠閒的氣氛非常適合閱讀，從店內看出去，點綴在狹窄走道上的綠草與小花盆栽，任誰到了這兒都會想停下腳步拍張照片。除了提供新刊雜誌，也有許多書籍任君挑選，像是美食、甜品與旅遊等書。

Ssamzie Market

潮服商場

這裡緊鄰 Ssamziegil，新成立不久，是血拼服裝和飾品的室內商場。因為之前介紹的 Ssamziegil 重心不在服飾，於是有了 Ssamzie Market，提供消費者多樣化的購物環境。陳列的服裝風格大多是 Street Ware（街頭品牌服裝）與 Vintage（復古經典服裝），整個三樓都是專為年輕人精選的服飾品牌。

我會說英文喔！

帕在仁寺洞迷路嗎？不用擔心，小鴨牌子可以幫你，留意一下 North Insadong Information 旅客資訊服務中心的小鴨牌子，這裡提供了旅客所需的各種協助。不管你想去哪裡，都可以進去中心問路，而且絕對不會迷路，因為有會說英文的義工。此外還有提供搜尋路線的電腦系統，以及全首爾所有商店的資料庫喔！

仁寺洞怎麼去？

- 地鐵三號線（Subway Line 3）橘線，第 328 號站**安國站**（Anguk Station）6 號出口（此出口最接近仁寺洞，轉角有文具店、美術用品店和 Crown Bakery，找到之後往那條街直走就是了）。
- 地鐵一號線（Line 1）深藍線，第 131 號站**鐘閣站**（Jonggak Station）6 號出口。

Luielle 2008 S/S collection
好可愛的傳單
뉴스
마음이
물건
orea
WWW.SSAMZIEGIL.CO
MMMG
millimeter milligram inc.
call +82-2 3210 1601
Name
gue35.com

「衣」系列
50,000
5,000
500

血拼天堂：就決定是你了，首爾！

地理位置絕佳的韓國，四季分明，春天花開繽紛、夏季溫熱潮濕、秋季落葉片片、冬季雪花飄飄，除此之外，韓國吸引全世界旅客的另一個原因就是要「血拼」！

首爾是個讓購物狂逛街逛得不亦樂乎的消費天堂，好多地方都很好逛，而且都各有各的特色與顧客群，想逛街頭品牌，或是精品店的高檔貨都有，服飾也都依照季節變換，樣式多、選擇多，可以讓人盡情挑選。

教戰守則：一定要貨比三家！

在殺到首爾血拼之前，有一點必須先瞭解：無論到哪裡逛街，我發現整個首爾的服飾店所賣的衣服花色款式都很相似，大概是一次生產一整個系列，使用同一種料子和花色，設計出數種款式，再由店家各自批貨來賣，然後搭配成自己的風格、喜好或主題來展示與販售（但不包括個人設計與手工製作的店家）。

這時候就要看自己的購物比價功力如何了。眼睛尖不尖？逛得夠不夠徹底？有時會發現同一款衣服在精品店賣這個價錢，之後又發現它出現在另一個普通地段或店面，價錢卻只有一半，或者像東大門（Dongdaemun）三棟連在一起的購物商城，即使只隔幾間店面，價格也會有差別。

在決定買一家店的商品之前，如果還有時間可以挑的話，先不要急著拿去結帳喔！多逛逛幾個地方，就越容易買到最便宜的價錢，先看好之後再回來買還來得及，因為首爾的購物地段大部分都相距不遠，地鐵搭個幾站就到了，來回很方便，慢一點買卻可以買到更便宜的價錢，也是血拼女王的小小戰績……你說是吧？

POST

DONGDAEMUN 東大門·不夜城

東大門

如果去韓國旅行但時間不多的人，東大門會是最適合的好去處之一，因為這裡營業到凌晨，所以不用趕在白天來逛，但要小心，這一逛卻可能佔掉晚上不少睡眠時間。

這兒是夜貓族的天堂，凌晨五點才關喔！而且早上九點就開始營業了，隨時想買衣服都可以，參加 party 急需新行頭也不用怕，馬上就可以來血拼服裝和配件等等。

對於怎麼逛街都逛不累的女孩們，在別間百貨公司關門休息之後，還可以到這裡來繼續血拚，充分利用每一分每一秒，只不過這三棟購物中心，平均逛完一棟至少都要兩個小時左右，不僅需要超強的體力，還得先練好戰鬥力才行。

LARNE

簡單想像一下，一棟購物中心的大小大約是泰國 Platinum（譯註：位於曼谷市中心的服飾批發購物中心）的兩倍大，相當於擁有八層樓的 Platinum，每一層樓有五十間以上的店家，把三棟加起來，幾乎就等於一個「東大門」。那三棟購物中心分別是 hello apM、Mihliore 和 Doosan Tower，它們賣的衣服都很像，但各自有各的風格。

第一棟 hello apM 的主要顧客群是年輕人，有部分店家的服飾是由自己設計與製作，只有這裡才買得到的；八樓有新設 Storage 區，這一區的店家各有特色，有點街頭品牌的風格，店面也裝飾得別出心裁，逛起來很好玩又賞心悅目。購物中心本身也會在每一季推出促銷活動，透過年輕的模特來廣告行銷，吸引年輕顧客們甘願掏出口袋裡的鈔票。

Migliore
밀리오레
Migliore
Open AM.10:30 Close AM.04:30
Closed every monday
Migliore

dOOta!
WWW. DOOTA.COM
SEOUL

接下來是 Mihliore，主要顧客群是上班族，大部分販售甜美可人的上班套裝，以及年輕媽咪的款式，也有提供嬰兒推車，想逛街的媽咪們不用忍著手痠把寶貝一直抱在手上，一邊逛街同時帶小孩，一舉兩得。

最後是 Doosan Tower，這棟走的是奢華路線，大多是韓劇裡千金小姐穿的淑女服飾，但如果來到地下室，也可以看見日本原宿風格的街頭品牌，這一層給人的感覺有點像澀谷的 109 百貨，也許你會看到曬成古銅色皮膚、畫曬傷妝的韓國女孩喔！

如果你想用比較便宜的價格購買，這裡也有批發價，只是必須買到一定數量。和店家談到可以接受的價格，就能開心地帶著戰利品回家囉！另外，也有一些店家提供網站供線上選購，一樣深受韓國女孩們的喜愛。

東大門設計廣場＆公園

東大門的街道沿途都有路邊攤，走進 hello apM 旁邊的巷子兩旁都是店家，這裡大部分商品的價格會比百貨公司便宜，但還是要先比較過價錢再買比較好。接著走到東大門運動場站（Dongdaemun Stadium）的地下道，這裡的地下街可以逛一逛。然後走到一號出口，會看見東大門運動場，以前這裡是舉辦籃球比賽的場地，周邊有販賣服飾與運動用品的店家，但現在已經拆除，準備興建成閃亮亮的東大門設計廣場＆公園（Dongdaemun Design Plaza & Park），是致力將首爾建設成設計與時尚之都的首爾市府計畫之一，已在 2011 年完工。

這座東大門設計廣場＆公園是由國際知名建築設計師札哈・哈蒂（Zaha Hadid）所設計，他曾設計過許多世界級的知名建築，例如位於美國俄亥俄州辛辛那提市的羅森塔當代藝術中心（Rosenthal Center for Contemporary Art）、德國的沃爾夫斯堡的狼堡科學中心（Wolfsburg Science Centre）等等，以及英國倫敦千禧巨蛋（Millennium Dome）之智區（Mind zone）的室內設計。

美眉們還可以去周邊的商店逛逛，這一帶的東西不僅價格比其他地方便宜，而且店家一攤接著一攤，就像在逛市集一樣，想要買到物美價廉的好貨，眼睛可要睜大點喔！

沿途有很多路邊攤可以讓你坐下來或站著吃東西，附近還有其他市場，如南平和市場（Nampyunghwa Market）、興仁市場（Heungin Market）、Deogun 市場等等。

在韓國，百貨公司大門前的小廣場會用來舉辦活動，大多是週五與週六的傍晚時間，有時候會舉辦歌唱、舞蹈或是選秀比賽和表演，為百貨公司增添不少熱鬧氣氛。有些當紅的韓國明星，就是在這些小舞台上誕生的呢！

東大門怎麼去？

- 地鐵二號線（Subway Line 2）綠線，第 206 號站**東大門運動場站**（Dongdaemun Stadium Station）1、2 號出口（如果想先去百貨公司那一邊，14 號出口會比較近）。
- 地鐵四號線（Line 4）水藍線，第 421 號站**東大門站**（Dongdaemun Station）7、8 號出口。
- 地鐵一號線（Line 1）深藍線，第 128 號站**東大門站**（Dongdaemun Station）6 號出口。

APGUJEONG

狎鷗亭・櫥窗展示的冒險之旅

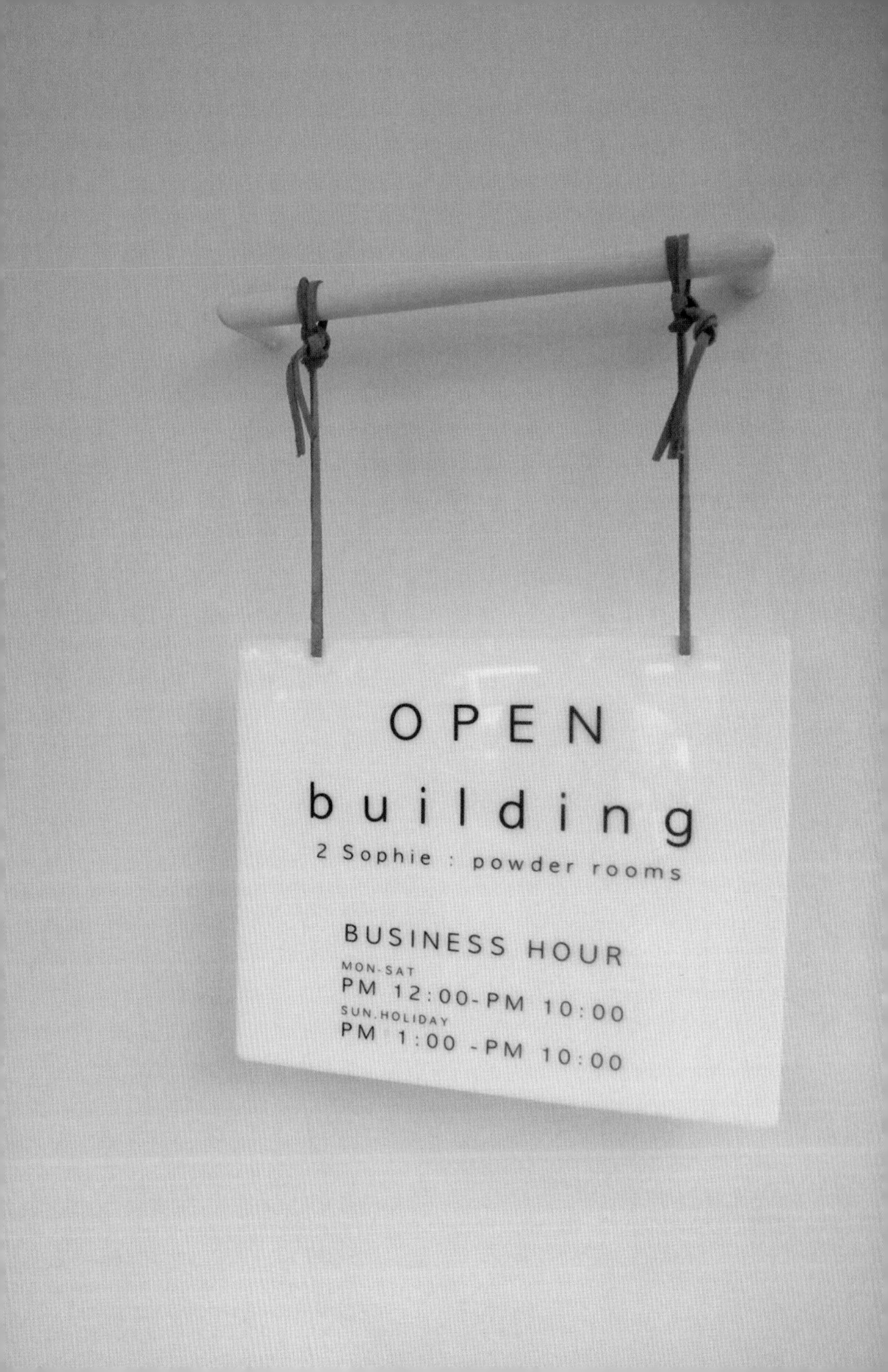
OPEN
building
2 Sophie : powder rooms
BUSINESS HOUR
MON-SAT
PM 12:00-PM 10:00
SUN.HOLIDAY
PM 1:00 -PM 10:00

狎鷗亭

如果想在首爾街頭逛到高級精品百貨公司，非來狎鷗亭（Apgujeong）不可！

這裡的商品以高檔聞名，全是經過挑選的精品服飾，無論是否為名牌，只要購自狎鷗亭的店家，保證讚！

放眼望去，街上全是經過設計布置的店面櫥窗，等著你去光臨，路上滿是穿戴韓式時尚的年輕男女。對韓國人來說，狎鷗亭是一個具有獨特風格的地區，專門為了追求時尚品味的男女而設。各個品牌精心設計的豪華旗艦店藏身在巷弄之中，也許逛著逛著，愛馬仕旗艦店就突然出現在眼前；這裡也隨處可見裝潢新潮的簡餐店，每條街道都充滿令人意想不到的驚喜。

這一區的多樣風格，總讓人逛起來心情非常雀躍，加上商業區佔地實在有夠大，連結好幾條街區，從江南（Gangnam）、清潭洞（Cheongdam-dong）到新沙洞（Sinsa-dong），每一區雖然都連在一起，不過一旦跨過一條街，氣氛就會悄悄地改變，等你回神過來，早就已經失去方向感啦，不知道自己究竟逛到哪裡了。如果你打算來狎鷗亭走一趟，請一定要鍛煉好腿力並且看緊荷包，因為可能一不留意，荷包就失血慘重了。

Galleria 百貨

好像布滿閃亮光碟片一樣的建築，從白天閃爍到夜晚，顯耀佇立於大馬路一旁，分成東邊與西邊兩側，是一間集結了首爾人最喜愛的所有品牌的豪華百貨公司，也是漢化集團（Hanhwa Group）旗下七間百貨公司之一。在這裡除了可以尋找想要的名牌之外，血拼魔人的祕招之一，就是來之前要先查一下活動時間，這裡常常不定期出現促銷特賣活動喔！

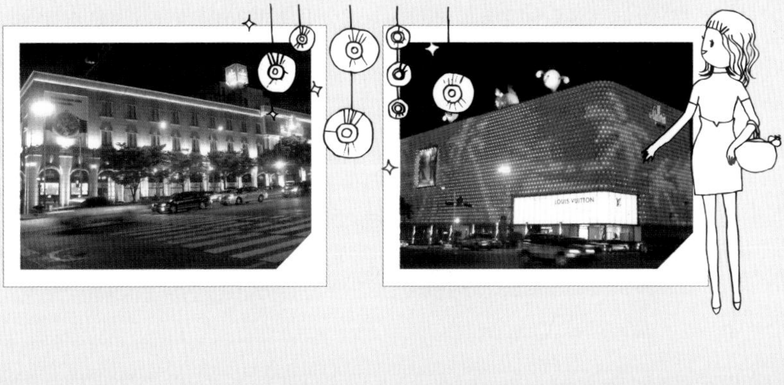

S H O P

And no Concept Special

by
SUPERMARKET

MAP

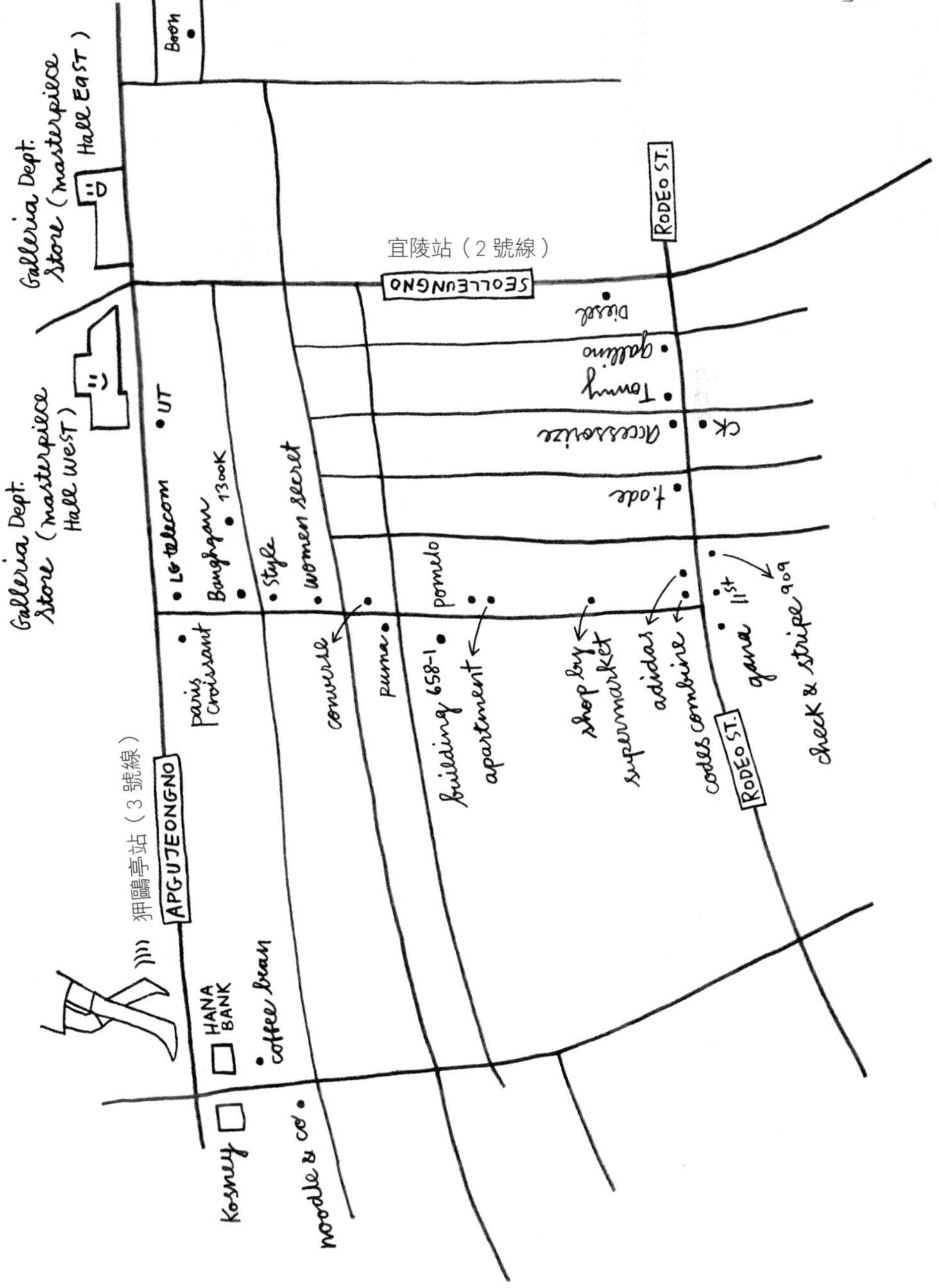
Boon
Galleria Dept. Store (masterpiece Hall EAST)
Galleria Dept. Store (masterpiece Hall WEST)
RODEO ST.
宜陵站（2 號線）
SEOLLEUNGNO
Diesel
gallino
Tommy
Accessorize
CK
f.ode
UT
LG telecom
1300K
style
women secret
pomelo
converse
Ruma
paris Croissant
building 658-1
apartment
shop by supermarket
adidas
codes combine
gana
11st
check & stripe 909
RODEO ST.
狎鷗亭站（3 號線）
APGUJEONGNO
HANA BANK
coffee bean
Kosney
noodle & co.

CHECK & STRIPE 909
MILLIMETER MILLIGRAM
KINO
3F DVD

Rodeo 街

這條街相當受到時尚份子的青睞，不輸給其他地區，集結了許多注重店面裝潢擺飾及進口名牌商品展示的店家，可以沿路欣賞櫥窗展示，即使沒有買東西，視覺也有豐富收穫。

Check & Stripe 909 ‧Millimeter Milligram
極簡精品服飾

和 MMMG 合作，二種品牌各半的服飾店，這家分店主要走極簡奢華風，這才配得上狎鷗亭的風格。逛 Check & Stripe 909 的時候，千萬不能錯過擠滿在架子上、早就在對你招手的上衣與裙子哦！

t.ode
歐風家具家飾

來自瑞典與其他國家設計的家具家飾，還包括少量服裝與飾品。這家店吸引人的地方在於它的裝潢和室內設計，以童話為主題，整間店瀰漫著森林的氣氛。店名來自 todo 熊，店家更在這個名字上玩文字遊戲，因為韓文的「todo」是指住在森林裡的熊，但是 t.ode 的森林可不是綠油油的熱帶森林喔，而是另一種抽象概念的白色森林。

這裡的每一件裝飾品都經過精心設計，讓你一看到就會聯想到什麼，例如置物架是包著棕色皮革的圓柱，令人聯想到木頭，再看

過去有好幾個置物架，就像正等待 todo 熊來休憩與玩耍一般。

通往二樓的白色狹長樓梯，隱藏著一股邀請你走上二樓尋寶探險的吸引力，去尋找到底上面藏了什麼……逛著逛著，感覺自己彷彿正在深入森林，遍尋不著那頭正在躲貓貓的 todo 熊。

Galliano 品牌專賣店

誰能想得到在這個充滿街頭品牌的地方，竟然會遇到約翰・加利亞諾（John Galliano）的成衣系列（Ready-to-Wear）！沒注意的話，還以為是其他設計師的系列服飾，千萬要睜大眼睛，可別就這樣糊里糊塗地錯過囉！

店家門口如果有貼「Delivery Service」的字樣，代表這家店有送貨到府的服務，買再多也不用擔心會拿得手痠，也可以寄到別人的地址，給對方一個驚喜，也是個送禮的好點子喔！

清潭洞

不過隔了一條 Rodeo 街，街頭品牌的親切氣氛，馬上變成全首爾最高檔的精品奢華風，當你感受到那種高貴氣息時，才發現自己已經被來自全球的名牌旗艦店給包圍了。每間店都保持著自己獨特的品牌個性，以優雅的姿態靜悄悄地坐落在各自的位置上。

10 Corso Como
複合式文創商店

不只日本才有來自義大利的設計名店，首爾的清潭洞也迎接了 10 Corso Como 的到來，這裡除了提供特定品牌的商品，也許還會看到約翰・加利亞諾（John Galliano）的連身裙、H&M 的 Marimekko 系列泳裝，或 Comme des Garçons 的包包，甚至是精挑細選來自各個品牌的居家飾品、香皂或香精蠟燭。

這兒也有精選書區提供藝術相關書籍，尤其是各國藝術家的作品精選集、稀有的音樂 CD ，也都來到清潭洞的 10 Corso Como，為它增添時尚與獨特的氣息。

首爾的 10 Corso Como 與東京分店的不同之處在於，這裡不只是精品商店，還是韓國當代文化的集合點，有展示藝術品的畫廊、書店與咖啡店，不只希望顧客來店裡消費喜愛的商品，還期待大家從 10 Corso Como 的大門走出去後，能獲得些許的靈感和動力。

建築物外牆還裝飾有 10 Corso Como 標誌的黑色圓圈氣泡，看起來就像一個巨大的魚缸，不禁偷偷幻想正在裡頭穿梭的時尚狂人們，不就像在這魚缸裡游來游去，尋找喜愛的目標嗎！

來喝杯 10 Corso Como 的咖啡吧！若你肚子正餓著，也可以嘗試一下義大利麵，餐後甜點提拉米蘇（Tiramisu）也不賴喔！雖然只是一間小小的咖啡店，但是非常受到義式美食控的歡迎。休息夠了，可以到位於 10 Corso Como 後方的男士精品區，佔地稍微小一點，但還是有許多為潮男挑選的精品喔！

Boon The Shop 韓國混搭品牌商場

如果要選出首爾最漂亮的主題商店，Boon The Shop 絕不會被落榜，不只因為建築外頭充滿現代化的設計感，不斷對你招手歡迎光臨，而且裡頭只賣高檔名牌貨，走進去第一個感覺比較像是到了藝術館，一點也不像來購物的，店內沒有擠滿架子的商品，只有挑高的天花板與走廊，引領你走進每一層樓，探訪來自全球設計師特別系列商品的房間。每走進一間房間，都有不同主題的詮釋，正是 Boon The Shop 想要傳達的概念。

我走遍了四個層樓，自這個房間進去，再從另一個房間出來，逛完各類時尚單品，其中最喜歡的是鞋區，別緻的陳列方式讓你能夠清楚看到所有的鞋子，尤其是款式特別的鞋子，會被刻意放在小小的檯子上，更彰顯出它的與眾不同。供顧客坐著試穿的大沙發，舒服到讓人不想起身離開。

ANN DEMEULEMEESTER

新沙洞

這一帶在杜森公園（Doosan Park）附近，寧靜的氣氛，與藏都藏不住的漂亮建築，讓人看一眼就深深著迷。這一帶周圍都是婚紗店，是即將踏上紅毯的準新人必來報到之處，有婚紗攝影、婚紗禮服和小巧可愛的寶石飾品等店家，不時還會看到一些新潮的服飾店和舒適的咖啡館。

Ann Demeulemeester 安・德穆魯梅斯特
比利時時尚品牌

雖然不少人對這位比利時籍設計師不甚熟悉，但是我非常喜歡他們家的店，四層樓的現代化建築結構，有一條通往二樓餐廳的特別通道，隔著玻璃，可以從通道上看到建築表面包覆著一大面翠綠的草皮。仔細一看，一片片的翠綠草皮，其實是種植在牆壁上的綠色植物。從外頭看進去，草綠色的建築物內鋪著木質地板，感覺自己彷彿化身為愛麗絲，走進夢遊仙境裡探險一般。

Slow...
OPEN
CARA

w
0.2
0.5
a
0.8
0.8
v
1.0
1.0
e
1.5
1.5

Slow Food 義式美食餐廳

走路匆匆忙忙嗎？停下來歇一歇，然後再悠閒上路吧……

不知道是否因為地球自轉太快，還是說現代人生活太過匆忙，以至於一切看起來是那麼煩亂，甚至忘了我們現在想做的究竟是什麼。

新一代的首爾人也是如此，Slow Food（慢食）的出現正好回應這樣快步調的節奏，立刻變成週日午後年輕人的熱門去處。要來一份義式美食，或是咖啡與蛋糕的下午茶搭配，都吸引你把步伐放慢一些，將注意力拉回周圍環境或自己的身上。

Wave 設計款精品眼鏡店

眼鏡精品店，為你挑選名設計師的款式，想要與眾不同或別出心裁的眼鏡，這裡一定會有你喜歡的款式。這家店還有很特別的視力表，以可愛的圖示取代傳統的數字或文字。看起來，可能是專門用來量測設計師們的視力的喔！

狎鷗亭怎麼去？

- 地鐵三號線（Subway Line 3）橘線，第 336 號站**狎鷗亭站**（Apgujeong Station）2 號出口（從地鐵站出發有點距離，走路大約十分鐘，過了馬路會看到漢陽公寓（Hanyang Apartment），在左手邊，直直走就會看到閃閃發亮的 Galleria 百貨公司。

ORNAMENT
COUNTER

HONGIK UNIVERSITY
弘益大學
不只有藝術

弘益大學

弘益大學是韓國知名的藝術大學，每年有許多藝人、藝術家與創意工作者自這所大學畢業。除了學校本身是全韓國排名前幾名的大學外，弘益大學周邊，也就是人們稱之為「弘大」（Hongdae）的商圈，更是吸引人人無論是白天或晚上都想來造訪，難怪有人說「Hongdae All Day All Night」（全日無休的弘大）。

弘大創意市集

在白天，弘益大學周圍充滿了供購物的店家、咖啡館、書店、餐廳等等，是首爾年輕人聚集之地；日落之後，則輪到大大小小的酒吧陸續開門營業；到了週六下午，弘益大學門口會有創意市集，讓學生擺攤賣手工作品，旁邊有舞台供學生表演歌唱、舞蹈等等，周圍的牆壁則是巨大的畫布，成為學生展現才藝的揮灑空間。

D E L
Del

I think so
環保文具用品店

「你也覺得那家店很可愛對不對？」

「是啊，我也這麼想 ....」

這是我慢步踏下階梯時的自言自語，這個藏身在弘益大學對面路邊的入口，通往位於地下的一間店面，地下世界卻是意外地寬敞。

原色水泥地板、木桌和數十個置物架，打上暖色調的燈光，看似沒有經過設計的展示，其實是刻意的擺設，看起來有一點精緻，有一點炫。一旦看到如此吸引人的風格，很難就這麼無視地走過去。

I think so 是一間生活文具用品店，特別注重日常生活中的細節，同時不失對環境的尊重，大部分的商品都是用環保材料製作，像是再生紙記事本。

店家的宗旨是希望我們在一天當中都能享有一段美好的時光，假日除了休息之外，也能為世界做點什麼，讓生活的點點滴滴變得更美好。

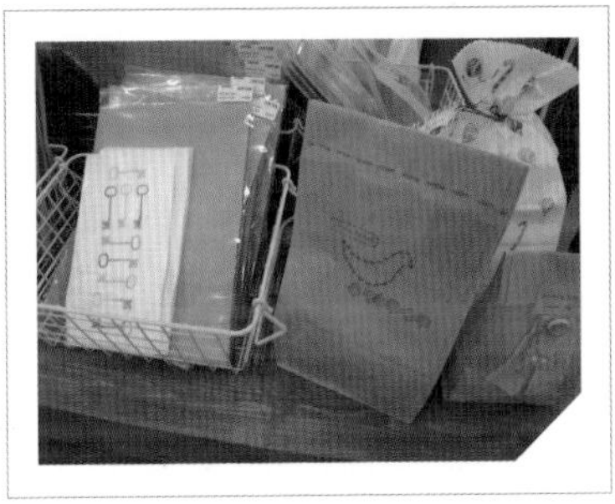

整間店充滿了許多生活小物，全部可以自行簡單組合或改造，像是裝東西用的普通紙袋，只要動手畫些簡單塗鴉或黏上裝飾，就會變成全世界獨一無二的紙袋了。或者來個購物袋，店家也有提供裝飾材料，任你依照自己的喜好，不限樣式自由設計，這樣就能簡單創造屬於自己的風格了。

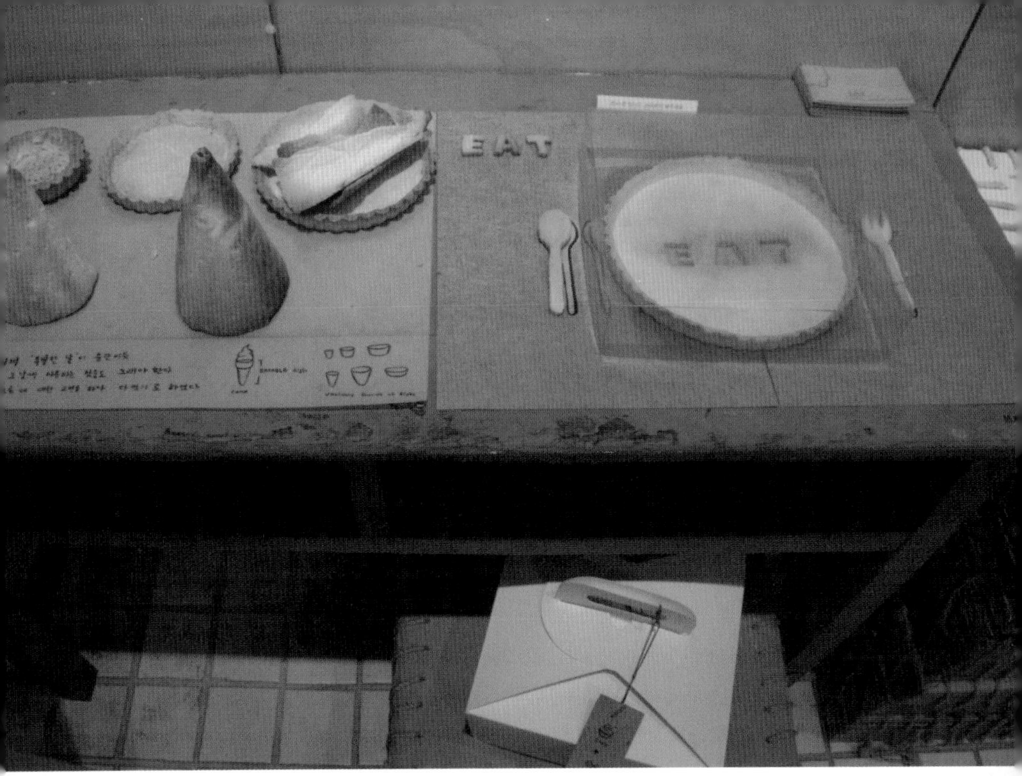

　　再走進去一點有展示區，我造訪的時候，他們第一次展示「紙」的主題，概念起源於希望設計師可以對自己的設計負責，所選用的材料必須對環境的影響降到最低。展示區的空間雖然小，但每個角落都有簡單的設計概念且用心布置，像是用雜誌內頁摺成零錢包，或是可以利用不同位置的釦子來調整大小的 T-shirt，這樣同一件衣服就可以讓很多人穿，吸引相當多過路客進來參觀。

我剛好有機會和店員談話，得知這些展覽會不定期輪流更換，讓人忍不住想知道往後的展覽會有什麼樣的內容，會用什麼主題來告訴我們如何關心自己和環境，也許我們會因此停下來思考，對他說：「我也和你想的一樣啊……I think so.」

從弘益大學站（Hongik University Station）的 6 號出口出來，直走到十字路口會看到西橋路（Seogyoro），繼續走到人行步道（Walking Street），如果一眼望進去只看到服飾店的話，那就確定你走對了。

Seogyoro
西橋路

從地鐵弘益大學站出來後，大街小巷交錯眼前，每條巷子裡都有許多店面，逛都逛不完，這時一定要保持冷靜，慢慢逛才能挖到寶。如果體力還 OK，可以繼續逛到梨花站（Ewha）與新村站（Sinchon），絕對能讓血拼達人逛得大呼過癮。

The Bling, 365 hall, The Bling#2

這三家連在一起的小店面，每一間都值得進去一探究竟。365 hall 被兩間 The Bling 左右包圍，第一間店賣的服飾走年輕路線，展示的服裝搭配非常別緻，吸引過路客。

1300k 設計禮品店

在韓國最受歡迎的一家禮品店，有來自亞洲各國的設計禮品，包括中國、日本、台灣，以及韓國本土設計師的商品。店面看起來小巧，但店內的商品琳瑯滿目，日韓最新的設計禮品一上市就直接送到這裡，都是最 IN、最流行的熱門商品。想買禮物送人嗎？來這裡包你不會失望。

Obokgil 咖啡小巷

看起來好像沒什麼特別的小巷子，其實裡面也藏著不可錯過的景點喔！如果你要來這一帶逛，肚子一定要留點空間到咖啡館吃美食，或者可以先在某家店坐一下，然後繼續逛，之後再去下一家咖啡館休息，也是不錯的選擇。從這條巷子繞回人行步道（Walking Street），或者直走十五分鐘到大馬路，到達下一站：信川（Shinchon），繼續血拼。

ARTBOX
르바이트
일오전 : 10am~5pm
일오후 : 5~11 pm
급 : 4000원
문구, Accessory
2F
리빙, 사무용품

실키봄
Silky Boom
₩1300

Cacaoboom 手工巧克力專賣店

才剛打開店門，巧克力的香味立刻直撲鼻尖。這家店專門賣手工巧克力，有許多造型與口味，而且都是百分之百的純巧克力。特別推薦他們的招牌：灑了滿滿可可粉的方塊巧克力，濃、醇、香，好吃得不得了！另外，香濃熱可可的幸福美味也讓人回味無窮。

Market m* 古典家飾精品

是為喜愛居家溫馨古典風格（hommy vintage style）的人所開設的家飾店，大都以木質或是金屬材質製作，帶點復古的味道，建議你在拿起購物籃之前，先做一次深呼吸，免得買到喘不過氣，準備好就上吧！

因為溫室效應問題，人們開始注意並關心環境，韓國許多公司也跟上時代步伐，生產的商品都符合環保要求，這對地球無非是一件大大的好事。

Market m* 裡的氣氛像是來到爺爺奶奶的家裡，充滿了復古的家飾，卻又有新與舊的協調融合，店內裝飾的擺放可用「亂中有序」來形容，可以讓人放心拿起來細看，也不用擔心會破壞原有的整齊。

店內的家具選自各個國家，顯示出 Market m* 的品味與風格。如果是木質商品，使用的品牌名是「Market & Bisto」；若是金屬材質的商品，則是用「Wednesday 71」的品牌。

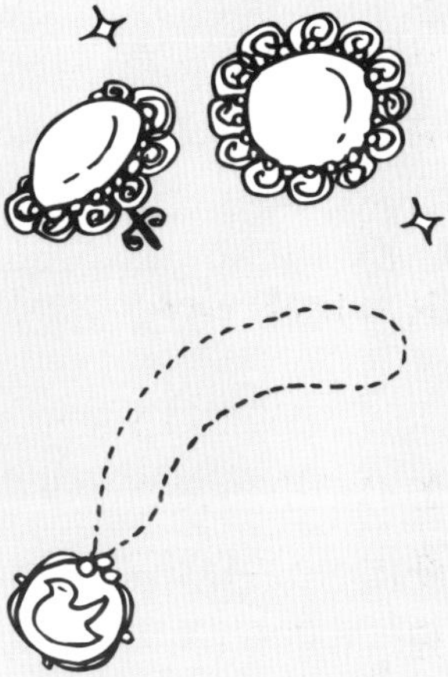

DES
LIFE
FURN
Market m* alwa
Market m* is mainly focu
We welcome national custome
Thank you for your visit and su
visit our website
328-27 Seoky
Seoul.Rep
Market m*
www.market-m.co.kr

MORE GREEN*
Korea
visit our website!
www.market-m.co.kr
STAFF WANTED
DESIGN

店內陳列的商品，非常符合新世代對生活用品的喜好，不受限於商品原來的形象，讓顧客可以參與居家裝飾的設計，他們的訴求是：希望每一件家飾品都能展現出顧客本身的品味，即使是同一件物品，到了不同地方、不同喜好的人手上，都能散發出不同的氣質，就連它的用途也是一樣，同樣是水瓶，既可以當花瓶，也可以拿來當筆筒。

來到這家店，除了欣賞琳瑯滿目的家飾品，心裡還會不由自主地產生一股動力，想回家把一些舊東西拿出來改裝利用，可能也不輸給 Market m* 喔！

Coffee Prince 咖啡王子

我也跟許多人一樣迷上韓劇，於是順道去參觀了《咖啡王子一號店》的拍攝場景。保證你一來就能馬上認出這裡，因為店內擠滿了女孩們，無論是小女孩或大女孩，都會到每個角落拍照留念，尤其是最熱門的向日葵牆壁，永遠沒有空下來的時候，整天都有女孩們在這裡喝咖啡、聊韓劇。在劇情裡出現的牆壁或物品，都被拿來放在店裡，上面還有演員的親筆簽名。只有一點很可惜，咖啡王子只有在戲劇裡才會出現，實際上服務生全都是女生！

「要不要來算一下運勢呢？」

泰國人和韓國人有很多相似的地方，尤其是對算命這件事，許多人都很熱衷，幾乎每一區的路邊都可以看到各家占卜師的攤位，大部分是塔羅牌。但他們不是只擺張桌子椅子就替人算命，我在梨花一帶的路邊就曾看到包廂式的，還瞄到一些攤位透過電腦算命，滿高科技的呢！

弘益大學怎麼去？

- 地鐵二號線（Subway Line 2）綠線，第 239 號站**弘益大學站**（Hongik University Station）6 號出口。

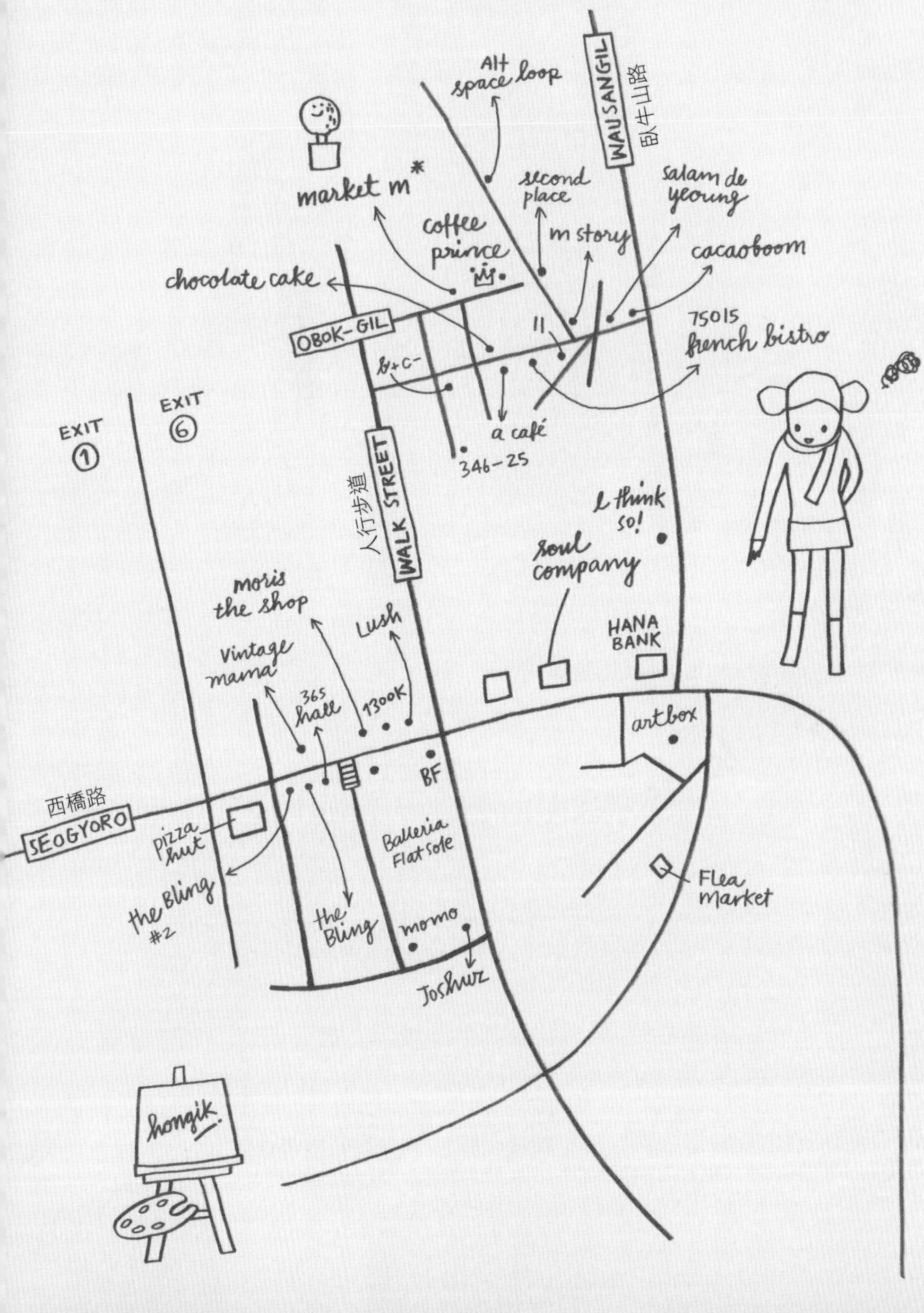
Alt space loop
WAUSANGIL
臥牛山路
market m*
second place
salam de yeoung
coffee prince
m story
cacaoboom
chocolate cake
OBOK-GIL
11
75015 french bistro
b+c-
EXIT 6
EXIT 1
a café
346-25
人行步道
WALK STREET
I think so!
soul company
moris the shop
Lush
HANA BANK
Vintage mama
365 hall
1300K
artbox
BF
西橋路
SEOGYORO
pizza hut
Balleria Flat Sole
Flea Market
the Bling #2
the Bling
momo
Joshuz
hongik

Sale
A.
TOMOS

MYEONG-DONG
明洞・青春大本營
Big SALE
나시 2장

明洞：韓版潮服一級戰區

如果要找個地方來比喻明洞，那就是泰國的暹羅廣場啦！這裡分成兩邊，一邊是百貨公司如樂天百貨（Lotte Avenuel Department Store），就像泰國的 Paragon* 百貨公司那樣，擁有名牌精品店如香奈兒（Chanel）與路易威登（Louis Vuitton），地下樓層的美食廣場也很值得推薦。

連接在一起的樂天青春百貨（Lotte Young Plaza），販賣服裝與飾品，廣集了韓國各個知名設計品牌，就連進口品牌如無印良品（MUJI）與優衣庫（UNIQLO）也在此進駐。

過馬路到樂天百貨對面，來到廣場的另一邊，和暹羅廣場一樣是街頭店家，滿滿一整條街的店面，還細分出很多小巷，讓你鑽進鑽出逛不膩，不只有服裝飾品，還有咖啡餐廳、甜點餐廳等等。光是在明洞這裡，就可以逛上一整天也不會覺得無聊。

看到 Krispy Kreme 甜甜圈專賣店對面的 Skin Food，就直接走進那條巷子啦，一整條巷子都是服裝、飾品、鞋子、包包的專賣店，雖然衣服款式都差不多，但是各家有各家不同的裝潢與搭配風格，可以讓服飾展現出與眾不同的樣貌，讓客人逛到眼花撩亂，迷迷糊糊地付錢付到手軟。可別忘了光臨這些小巷喔，因為有時候也會穿插一些進口品牌在其中。

---

*Siam Paragon：曼谷百麗宮百貨公司，為曼谷的精品時尚百貨。

neulbo
friends
2005

E C
P A R T Y
M E A R R Y

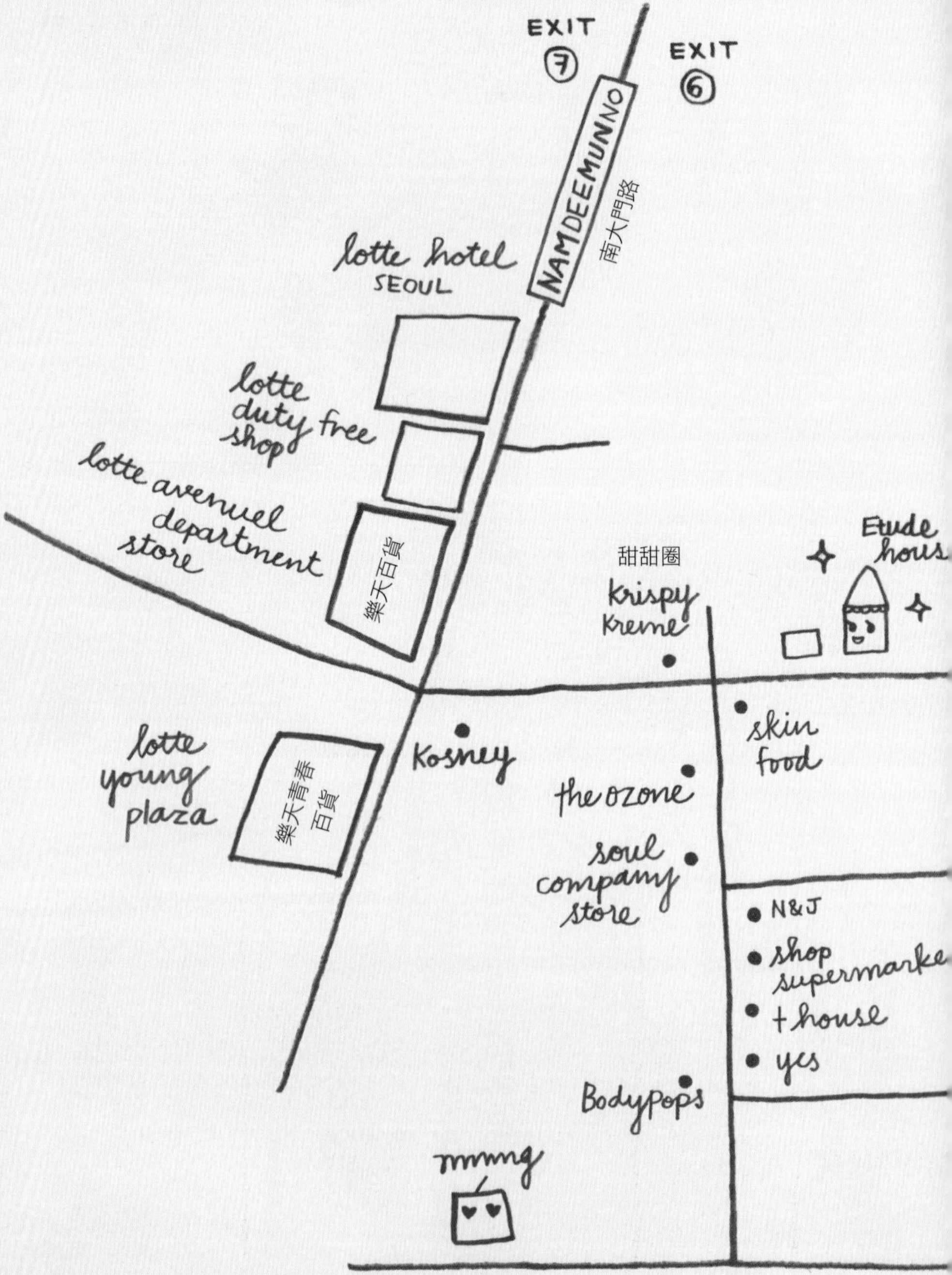
EXIT
7
EXIT
6
NAMDEEMUNNO
南大門路
lotte hotel
SEOUL
lotte
duty free
shop
lotte avenuel
department
store
樂天百貨
甜甜圈
Krispy
Kreme
Etude
hous
skin
food
lotte
young
plaza
樂天青春
百貨
Kosney
the ozone
soul
company
store
N&J
shop
supermarke
+ house
yes
Bodypops
mmg

MAP

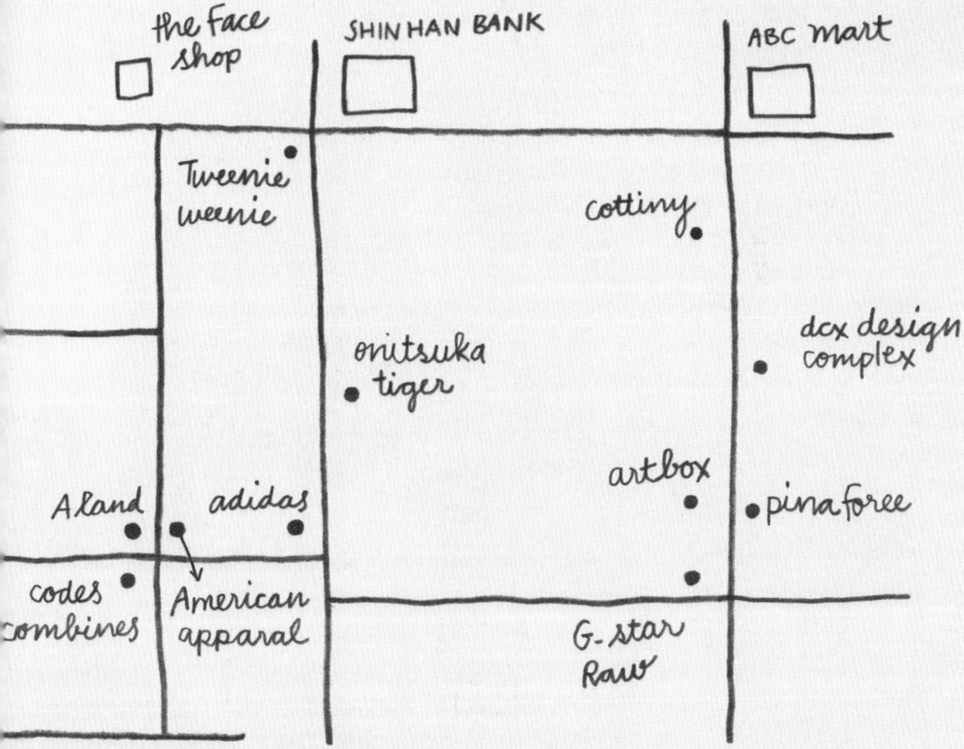
the Face shop
SHIN HAN BANK
ABC mart
Tweenie weenie
cottiny
oritsuka tiger
dcx design complex
artbox
pinaforee
Aland
adidas
codes combines
American apparal
G-star Raw

LOTTE
YOUNG
PLAZA
LOTTE YOUNG PLAZA

樂天青春百貨 Lotte Young Plaza

是一棟符合樂天主題、主攻年輕人市場的大型百貨商場，整個六樓都是最流行的品牌，在這裡也可以看到韓國設計師的樣式與風格，有些甚至能媲美日本歐洲的品牌。地下室還有來自日本的無印良品在此開設分店，商品種類非常齊全，無論是文具、廚具、餅乾、電器等等，如果你想買無印良品的電器，要注意使用的電壓都是220伏特喔！

來自美國的甜甜圈專賣店 Krispy Kreme 風靡全球，在韓國也有多家分店，即使如此還是大排長龍，在耐心排隊買甜甜圈的下午時光，搞不好還可以吃到店家贈送的原味甜甜圈，絕對是非常值得等待的美味。

Kosney 生活風格商店

生活風格商店（Lifestyle Shop）來自於現代人的新消費文化，選擇購買的商品是為了最能貼近日常生活的需求與喜好，大概的意思就是「如果我不喜歡、我不要、我就不買」。而 Kosney 就是韓國早期的生活風格商店，為了因應這樣的文化而出現，也成功打下了市場。

Kosney 的明洞分館位於大馬路轉角，就在樂天青春百貨對面，店面大小剛剛好，商品種類齊全，能滿足各種生活需求，地下一樓還有文具區與圖書區。我非常喜歡這裡的一點是，佔地不會大到讓人逛得頭昏轉向，商品也經過挑選，保證顧客一定會喜歡，連雜誌也是挑過的，來 Kosney 逛逛，絕對可以買到喜歡又實用的可愛小物。

一樓的部分是生活、美妝、健康與雜貨的分區，大部分商品也會因應當時的社會趨勢，好比環保概念正來勢洶洶，所以這一層的商品全都符合環保需求，包括純天然美妝、環保購物袋等等；最上層的衣服與飾品，也是女孩們最喜愛的一層，設計成市集的感覺，但又偷偷運用枝形吊燈（Chandelier）或水晶吊燈，營造出精緻的氛圍。

這一層最吸引人的就是飾品區，有豐富的樣式可供挑選，有些堆放在一起，有些則掛起來展示，就是要讓你在飾品堆裡挖寶，挑來揀去，還誤以為自己正在某個夜市裡呢！

如果明洞分館還不能滿足你，另外還有梨花大學分館，佔地更大，但我最喜歡的其實是狎鷗亭分館，因為佔地比較小，所以販售的東西都是經過層層篩選，不用花太多時間掃貨。但是因為太好買了，反而成為花最多時間的一個分館。

在 Kosney 逛得很開心，疑惑為什麼特別喜歡逛這裡，畢竟商品其實和其他同性質的店差不多，這才想起，原來是館內播放的音樂聽起來很舒服，讓客人逛起來感到心情特別愉快。他們也有販售音樂 CD ，曲目都是 Kosney 挑選編排過的，旋律動人，彷彿每個音符都能深入人心。

패션몰

Aland 創意生活風格館

是一棟集結了許多創意人的創意生活風格館。若要說明 Aland 的特色商品是哪一種類型，其實有點難歸類，因為在明洞大馬路轉角上的這個四層樓空間，展示了各種商品，如服裝、飾品，甚至是各個品牌的家飾品，但全部的風格都是一樣的，就是潮與復古。一旦來到這裡，就好像被一股創意的魔力深深吸引，腳步不由自主往裡走去，再也不想走出來，因為有很多小角落讓你怎麼逛都不會膩。

四層樓各有不同的主題，根本就是喜愛潮牌的時尚達人的小小天堂，在此設櫃的都是擁有獨特風格的潮牌。這裡甚至還能看到 APC（法國品牌服飾）或 April 77, Cheap Monday 等牌子，所有品牌最新一季的商品，就這樣默默地出現在店內，和韓國服飾搭配得恰到好處。

來到地下室，集合了五花八門的家飾品，如古董茶杯、金屬盤子、木椅、檯燈等等，展示的小物每一件都令人愛不釋手，就像來到舊貨市場一樣，逛起來很有趣，因為總會有好東西藏在角落裡，等著你去發掘。

如果想在 A-land 買到物美價廉的東西，要挑星期天下午來，因為各個店家會把東西放在店門口做促銷，雖然只是小小的一區，但是價格卻非常誘人。

最精彩的在頂樓，將復古服飾、懷舊物品和跳蚤市場結合在一起，特別是入夜之後，很多韓國美眉們像是來解放壓力一樣在此大開殺戒，每個人都拿著籃子，旁若無人地拿起衣服比來比去，非常專心地在搭配衣服！

Soul Company Store 潮服店

這家店的訴求就是，讓客人用便宜的價錢就能打扮成像明星一樣，是韓國女孩很喜歡逛的服飾店。款式繁多，一整排衣架上滿是各式服飾，讓你盡情挖寶，挑到滿意為止。

店內的擺飾很像拍戲服裝組的感覺，依照顏色分類衣服，雖然光線有點暗，但是價格真的很便宜，不過……品質也相對便宜喔！還有另一家分店在弘益大學附近。

do it now!!

Cottiny 手作飾品專賣店

如果只是看店面和店員，可能會誤以為這裡是烘焙屋，其實 Cottiny 是專門針對年輕女孩喜好的飾品店，數量多到會令人挑得很累。他們把飾品裝在盤子上，用紙張墊著，或是用玻璃罩蓋起來，遠看會以為是迷你蛋糕。

最讚的是現場有提供手作工具，可以讓客人 DIY 製作自己的飾品，所有材料都可以在店裡自由挑選、組裝，有各種材質的繩子、鉤子或可以串成線的珠子、墜子等等，全都可以自行搭配，完成之後就是獨一無二的飾品了。

地鐵二號線（Subway Line 2）綠線，第 202 號站**乙支路入口站**（Euljiro 1(il)-ga Station）7 號出口，這個出口一出來就是樂天百貨（Lotte Avenuel Department Store），如果想到街道區就從 6 號出口出去。

高跟鞋&韓國美眉

THE BODY SHOP.
THE BODY SHOP
제일약국
약국
藥
藥
sbs
노래방
CAFE
New Seaweed Treatments

就是要有女人味！

一提到「美眉」，相信無論哪個國家的女孩都是愛漂亮的，尤其是可愛出了名的韓國美眉，對於美麗的追求更是不落人後。

有個韓國朋友跟我說過，韓國女孩畢業之後，有些父母會讓女兒去整形當作畢業禮物，整哪裡都可以，搞不好還會順便幫忙安排相親（就像我們在韓劇裡看到的情節）。因為現在的年輕人必須辛苦工作賺錢，經常忙到連談戀愛的時間都沒有，長輩媒婆們就會幫忙牽紅線，如果彼此有好感就嘗試交往，如果彼此看不順眼，就只好期待下一段緣分嘍！

仔細觀察韓國的女性，無論是小女孩或大女人，從頭到腳都打扮得宜，非常注重時尚流行。但無論喜歡打扮的風格如何，腳下踩的一定是高跟鞋，大部分的鞋店也都會賣高跟鞋，就算流行穿平底鞋，但是等潮流一過就會恢復穿高跟鞋的打扮。因為韓國女孩子喜歡讓自己看起來非常具女人味，而高跟鞋正是展現女性特質的好幫手之一，穿起來漂亮、高挑，充滿女人的風采。

而年輕女孩的打扮清一色都是蓋額頭的瀏海，似乎是學生們的標準髮型。踩著高跟鞋的女人與額頭掛瀏海的學生妹穿梭在路上，也是韓國女孩們的一種特色。

PUMA

Cheonggyecheon Stream
波光閃閃・清溪川

連繫著首爾的綠緞帶

在首爾市中心的清溪川是首爾著名的景點之一，也是韓國當地人與觀光客都會報到的旅遊景點，尤其到了春季天，可以瞧見各年齡層的男女在清溪川邊，帶著準備好的飲料食物，鋪張餐巾，熱熱鬧鬧地享受野餐，也有不少小情侶在這裡約會喔！

在成為像今天這樣的觀光景點之前，清溪川是一條深綠色的、發出陣陣惡臭的河川，畢竟如果有河，就會形成聚落，漸漸變成高密度的住宅區，河川也從原本的淨透漸漸變色；接著為了建造過河橋，開始封閉部分路段，結果卻讓清溪川的相貌變得更醜了。

終於，在 2003 年，當時任職首爾市長的前總統李明博（Lee Myung-bak），為了讓首爾成為二十一世紀最適合居住的城市之一，開始認真整治清溪川，直到 2005 年才完成整治工程，清溪川從此脫離原本人人避而遠之的窘境，蛻變成為首爾市中心的休閒景點之一。

清溪廣場 Cheonggye Plaza

李明博沿著清溪川河道兩旁安排了一段又一段的景點，有清溪廣場（Cheonggye Plaza）、噴水池與七彩繽紛的燈光、瀑布牆和班次圖壁畫，這幅巨形壁畫將朝鮮王朝的正祖大王時代描繪在陶瓷上，據說是全世界最大的陶瓷壁畫，沿著牆壁一路都記載著朝鮮王朝的歷史，讓後人能夠在路過時，也能輕易了解韓國歷史。

清溪川的河道非常長，兩岸也有許多觀光景點，雖然實際造訪後並沒有想像中那麼雄偉，對某些人而言甚至還有些俗氣，但是對於致力改善原本無藥可救的臭河川的精神卻值得景仰。清溪川再度成為可以讓魚兒生存的乾淨河川，當地市民也很喜歡到這裡遊玩，再加上歷史壁畫這樣富有文化價值的元素，而且整治工程僅僅花了兩年就完成。如果每個國家的河川渠道都可以這樣的改善的話，一定是很棒的事，你說是吧？

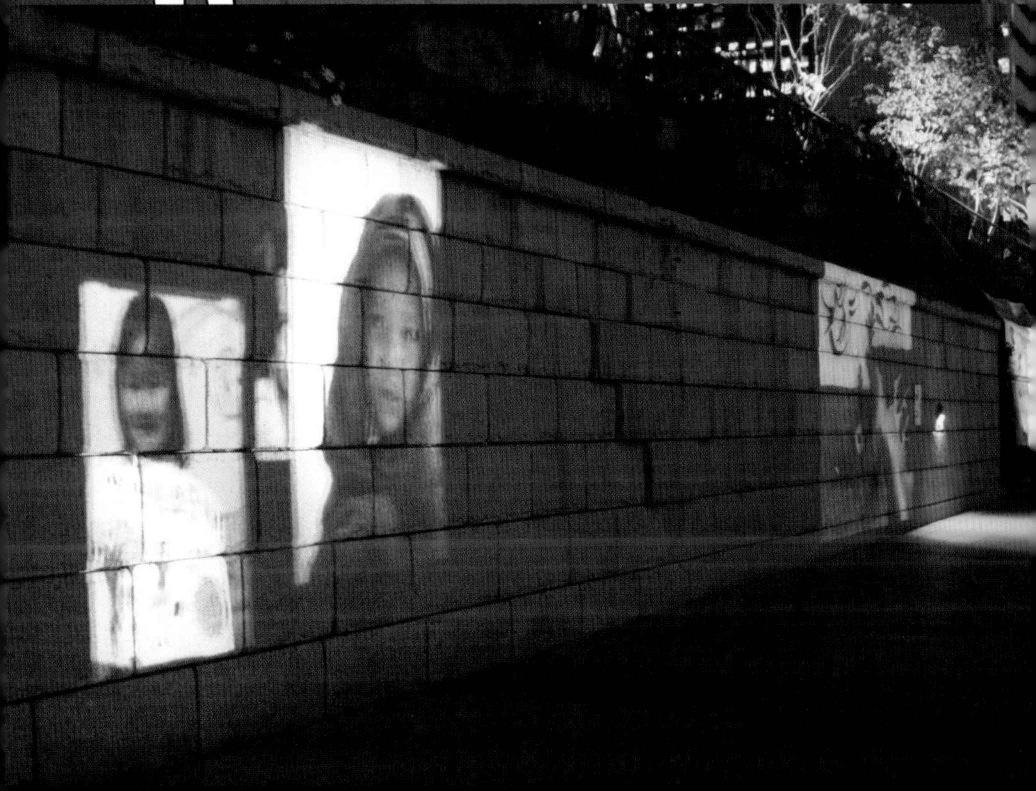

廣藏市場 Kwang Jang Market

沿著河邊步道悠閒散步之後，上來逛逛兩旁的商店吧！

清溪川周邊有好幾個大型市場，例如傳統市場、舊貨市場、中古市場與一些手工藝品的批發市場，很像曼谷的三朋市場（譯注：Sampeng，曼谷知名的批發市場）與拍乎叻（譯注：Phahurat，俗稱小印度），逛起來非常有趣。

就從廣藏市場（Kwang Jang Market）開始逛起吧！這是一座興建於 1905 年的老市場，有很多出入口可以通往鄰近的市集，逛著逛著很容易就遇到可以停下來看看的店。廣藏市場有兩層樓，樓下是傳統市場，販賣韓國當地食物與各式各樣的甜品，但是這些甜品都頗有分量，如果不打算吃東西，就快速走過吧！

韓國版永樂市場

二樓可說是廣藏市場是重點區，是販賣韓服（傳統的朝鮮族服裝）絲綢的大本營，每一間店面都是小小的四方形空間，展示各類絲綢與型錄供顧客挑選，鄰近的店家全都是賣布的布料行，以公尺（米）為單位販售，跟泰國的拍乎叻一模一樣。穿過廣藏市場來到巷弄內，還有很多布莊，這裡的布料就可以一次買一整匹，也有摺成一疊或一包在賣的，各種花色包你挑到滿意。

來到靠近清溪川的一邊，大概在 Gwanggyo 橋到 Baeogaedari 之間，有一排樓房與市集，販售同性質物品的大樓群聚在一起，幾乎可以自成一角。其中有一段是賣裁縫相關材料，有好多漂亮的蕾絲花邊與緞帶。那一帶的店家可以連續十家都賣蕾絲花邊，經過我實地調查與親自購買的結果，售價比泰國便宜很多呢！

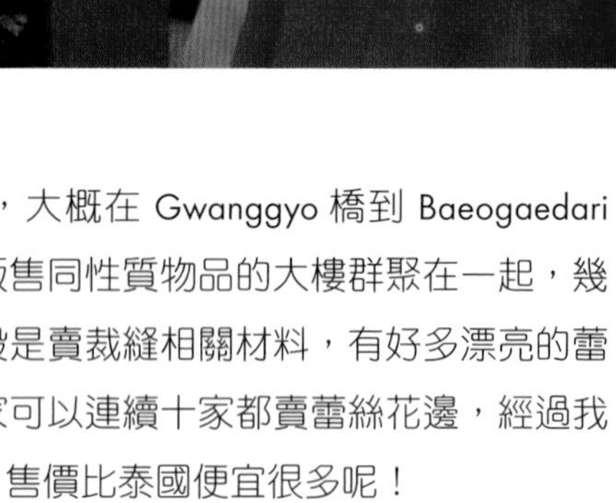

不過在這一帶買東西，困難度會稍微高一點，因為大部分的老闆都是阿伯、阿桑等級，就算比手畫腳還是難以溝通，我建議來這裡買東西時，最好找個會韓文的人先幫你寫好會用到的句子，然後把計算機帶在身上，會大大減少買賣時的煩惱，喜歡韓風的美眉一定會逛得很開心。

手作控的材料寶庫

再走過去一點是鈕釦區，這裡有全都是賣釦子的店家，也有些是賣飾品配件材料的，買回去任意組合成胸針、鍊子或飾品等等，自行發揮創意。在這一帶有時候會看到一些韓國的年輕設計師來採購材料，大多都還是大學生。上去二樓，大部分是賣布、絲綢或量身訂做韓服的專門店，這裡賣布是以「碼」為單位，購買時要注意哦！

復古風二手市集

在廣藏市場與清溪川邊鑽遍大街小巷，接下來就會遇到不可忽視的二手市集。之所以會說不可忽視，是由於市集的樣子看起來一點都不時尚，而且店面根本就沒有經過設計裝潢，感覺就像札都甲週末市集（譯注：Jatujak Market 位於曼谷，號稱全世界最大的市集）那樣有些雜亂無章。大樓裡的商家一攤連著一攤，衣服都是纏在一起掛上，或者堆成一堆，讓人有點不知從何著手。

老闆的樣子就和這一帶的氣質極為符合，大多是大嬸或阿嬤的等級（而且好幾個都超兇，絕對禁止拍照，我好不容易偷拍到幾張，險些遇難啊！）但是若將這些都拋在腦後，直接把重點放在衣服、包包與飾品上面的話，保證喜愛復古、二手與混搭風格的美眉們，一定會在這裡買到失心瘋，因為有太多東西隨你挑選，漂亮的衣服也很多，但是這一切的一切都要自己努力去逛、去翻、去挑。重點是，價格非常便宜，有些衣服如果換到日本或泰國的二手精品店裡的話，售價鐵定會翻好幾倍。

東大門購物百貨

還有一棟百貨公司不可錯過，就是東大門購物百貨（Dongdaemun Shopping Complex），與之相連的是東大門購物城（Dongdaemun Shopping Town），這一帶全都是賣裁縫零件、釦子、絲綢、緞帶等等，種類多到讓人眼花撩亂。在百貨後面的一樓各店家都是批發店，同樣的商品比百貨裡的售價便宜許多。

裡面衣服款式眾多，商家門市也多，有些衣服的款式根本和舞台上模特穿的一模一樣，一旁還擺上原品牌的商品照片比較，讓你看看他們做得有多像。唯一不像的只有布料而已，如果原本是絲綢布料，那麼東大門購物百貨賣的就是用雪紡布料，差異之處就在這裡。

清溪川周邊還有很多市集，如果喜歡舊貨、二手或是為了想挑到最喜歡的東西而打算耐心尋找的話，建議可以到清溪八街的黃鶴洞（Hwanghak-dong），這裡是非常出名的二手市集，設有超過五百個攤位，想要什麼二手貨這裡通通有，無論是衣服、電器、樂器甚至是家具，只不過你要有強大的耐力與眼力，才能找到下手的目標。

清溪川怎麼去？

- 自清溪川開始，可從清溪百貨（Cheonggye Plaza）搭地鐵一號線（Subway Line 1）藍線，第 202 號站**鐘閣站**（Jonggak Station）。或是搭地鐵二號線（Subway Line 2）綠線，第 202 號站**乙支路入口站**（Euljiro 1(il)-ga Station）。
- 前往廣藏市場，搭乘地鐵一號線（Subway Line 1）深藍線，第 129 號站**鐘路五街站**（Jongno 5(0)-ga Station）7 號和 8 號出口。
- 前往東大門購物百貨，搭乘地鐵四號線（Subway Line 4）水藍線，第 421 號站**東大門站**（Dongdaemun Station）8 號出口。

無論現代科技再怎麼進步，只要看到是作者用手一筆一筆畫上的創作，就會讓我充滿對藝術的感動。東大門購物百貨門口牆壁上的廣告，就是用手工繪製代替印刷輸出，看著負責製作廣告的阿伯聚精會神地對作品做最後修飾，我也不禁看得入神。

DIRECT SALE
這樣也能賣!?

有時候，喧擾吵鬧也是一種魅力

韓國的地鐵系統，是一種方便又快速的大眾運輸工具，可以讓你在幅員廣大、交通繁忙的首爾旅行時，依然能有效地掌控時間。

至於地鐵上形形色色的社會樣貌也不輸其他國家，甚至可說有過之而無不及，因為車廂裡除了人們不斷交談的吵雜聲音之外，還有一套連直銷商都甘拜下風的售貨方式，那就是在每一節車廂裡，都會有專業的推銷員在銷售與示範各式商品。

商品大部分都很簡單，例如絲襪，推銷員會示範絲襪的韌性，目標顧客則是女性族群，或是賣手套、雨傘、帽子，猜想他們的銷售對象應該是以家庭主婦與高齡顧客為主。

我注意到他們會因應產品的類型，將眼神聚焦在目標顧客群上，每一位推銷員都有各自的銷售絕招，攻勢猛烈，從他們的大嗓門與激烈口氣聽來，就算我聽不懂，加上他們誇張的動作，對午後昏昏欲睡的乘客們應該也有提振精神的效果（高峰時間禁止販售，應該是因為人潮太擁擠，不方便讓推銷員使出渾身解數吧！）

BE WARNING!
到韓國要注意!

제비표 페인트
건축용. 공업용. 목공용. 인테리어 전제품. 바닥제 실리콘방수 및 코킹제
원상사 T,2267-3625, 2265-0906 F,2268-7789
옥상, 내외벽, 공장, 주차장바닥, 물탱크. : 특수방수제전문점
핸디코트
테라코트 황토
噢！一直被
撞到ㄑ”

注意！小心撞人與被人撞

不知道是因為人太多、路太窄，還是韓國人腳步太匆忙的關係，走在首爾街道上經常會被人撞到。無論好好走、慢慢走、快步走全都一樣，總之，隨時都有機會被撞。

尤其是在血拼商業地帶，不管年輕、年老、男的、女的，統統都有可能撞到你。就好像怕你逛街逛得太 high 了，這些人就是派來讓你收心的。或者在地鐵站內，運輸高峰時間，人潮洶湧的時候進出車廂，不管是進車廂或出車廂，一定都會被重重地撞到至少一次。

所以，無論你再怎麼想瘋狂逛街，也不要忘記留意看一下迎面而來的人潮，不然可能一不注意就會被撞得全身疼痛喔！

注意！小心餐具掉落發出噪音

韓國大部分的餐廳都是用不銹鋼碗，大小接近泰國盛稀飯的碗（譯注：類似華人吃飯用的碗），主要的進食工具有不銹鋼材質的湯匙與筷子，但是尺寸似乎與飯碗不太合，對於不習慣使用的外國人來說太大了。有時吃飯吃得太忘我就會造成問題，經常不小心掉在桌上或地上，發出鏗鏗鏘鏘的噪音。

避免發出噪音的最好方式，就是在食用完畢或暫時不使用時，記得把湯匙與筷子放在盤子上。還有一點要注意，不可以把筷子插在飯上，韓國人對這點非常介意，因為很像祭拜往生者用的飯。

注意！搭白色計程車

韓國的計程車有三種顏色，第一種是普通的計程車，車身是白色，乘車起跳價是 1900 韓幣。第二種是黑色，檔次高一點，韓國人叫這種車是「模範計程車」，車型較大，車內空間較寬敞，司機的服務態度也比較好，乘車起跳價是 4500 韓幣，果然是高檔次的價位。另外還有第三種，大型計程車，就像比較小型的廂型車一樣，可以承載八人，因為車子夠大可以放很多東西，所以也很適合行李大包小包、準備去機場的乘客，乘車起跳價一樣是 4500 韓幣。

搭乘白色計程車時要小心一點，因為司機開車容易橫衝直撞、鑽縫隙或超車，如果運氣夠好，也許能遇到不錯的司機。另外，計程車有載客規定，一輛計程車可載四位乘客，萬一你搭乘時人數沒坐滿，依規定白色計程車可以沿路招攬和你同路的乘客。我曾經遇到一輛沿路不斷停下詢問路邊有沒有人要共乘的計程車，停停走走搞得我頭暈腦脹，如果你很容易暈車，建議考慮搭乘高檔次的黑色計程車比較好。

MILLIMETER/ MILLIGRAM 韓國文具超可愛！

Draw your tomorrow

WE LOVE MMMG®
class

MMMG 發表於 1999 年的韓國文具品牌

MMMG 來自 Millimeter/Milligram，意指「留意小改變與真心誠意」（Mind the small differences and true hearted），事實上它（MMMG）可能不太希望自己被定義為文具店吧，但這只是我的解釋。它對自己的定義是：通往未來的、兼顧設計與創新的日常生活用品專賣店，而顧客也可以參與其中的設計，讓商品擁有自己的獨特風格。不過我還是想稱 MMMG 為文具品牌（希望它不要介意喔）。

MMMG 的產品眾多，都是些平常會使用到的物品，如筆記本、鉛筆、行事曆手冊等等，每一種都有許多樣式，從小巧輕薄到大得搬不動的尺寸都有。

MMMG 的獨特創意在於每一本行事曆上都不會預先印刷日期，甚至月曆也一樣，具通用性，不受時間限制，即使買了當年推出的商品不一定就非要在當年使用，優點是任何時候開始用都可以，隨時想停止使用也行，店家也不用擔心該年賣不完的產品會滯銷。製作成通用品的形式，就能拋開框架和限制，讓店家與顧客都可以放心買賣。

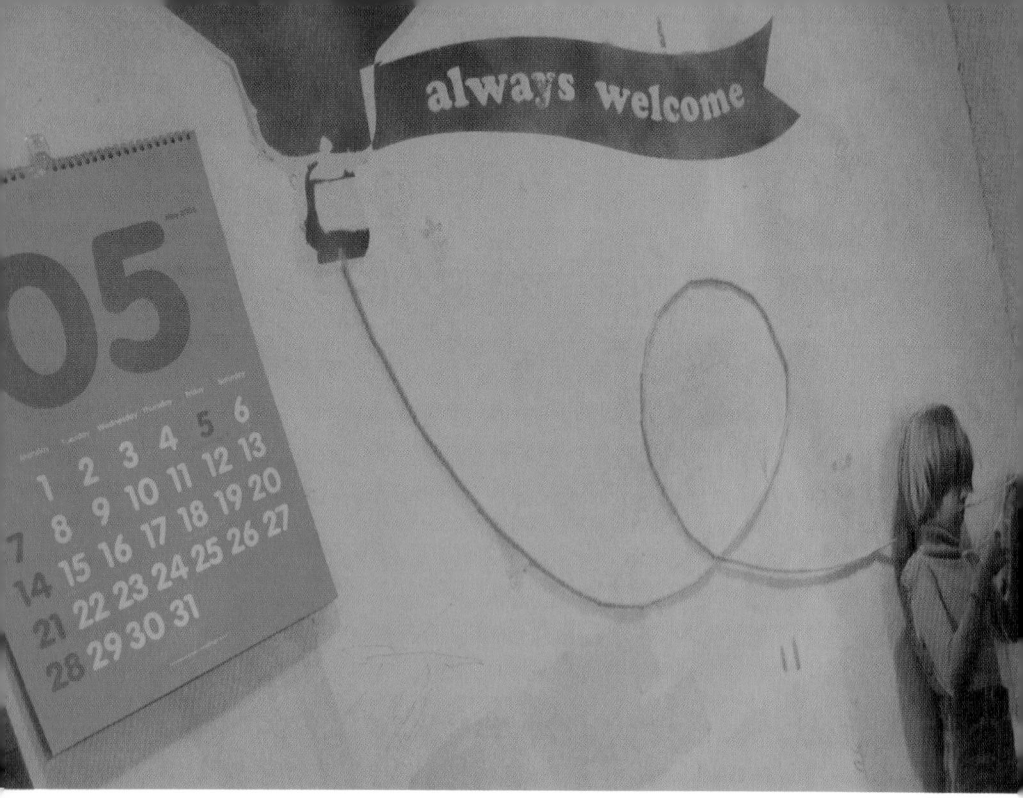

筆記本也設計成「未完成品」的形式，不限制這一頁一定要這樣寫，而是希望購買的人發揮創意，編寫成自己的風格，設計理念就是要讓顧客在上頭點綴自己專屬的故事與色彩。店裡也販售用來裝飾筆記的小物，例如每個月份的貼紙或短語等等，讓你隨性貼上，也滿可愛的！

另外還有一個可愛之處：店家會展示樣品來吸引注意，勾起顧客購買的欲望，例如記事本，會秀出已經寫好字、貼好貼紙的完成品，用滿滿的創意吸引你的眼睛，讓人也想買回家自己動手做出像它那樣可愛，但卻充滿個人風格的記事本。不過啊，真的買回家之後，又不敢像樣品那樣隨性書寫、改造，這就是它的計謀……要是意志不夠堅定，保證不知不覺就帶著它一起回家了。

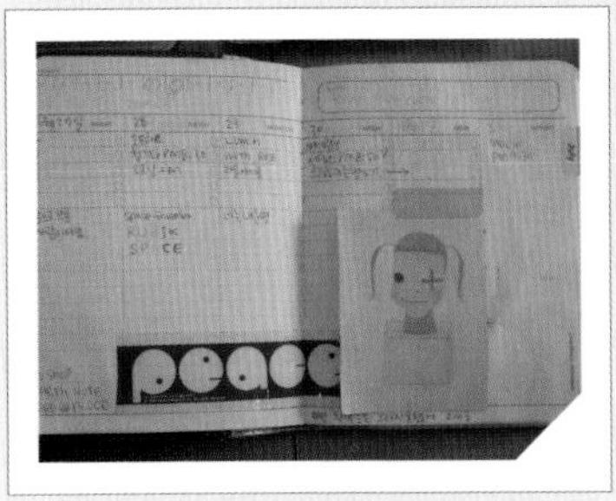

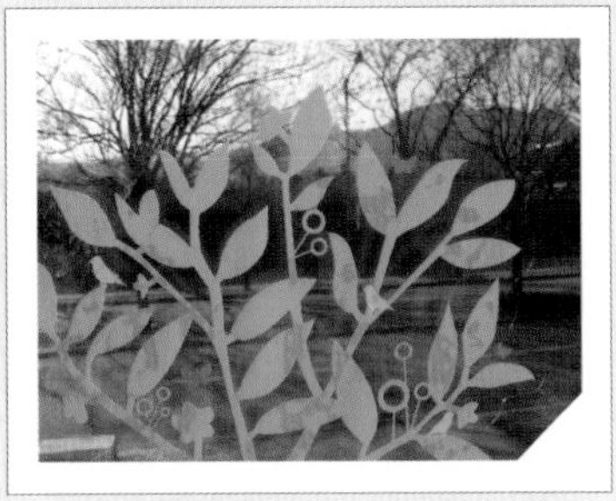

06

MILLIMETER
MILLIGRAM

MONEY KEEPER
SAVE WATER
SAVE WATER
SAVE WATER
FRAGIL
3 0 3 FRI DAY
class

3 TIMES A DAY
millimeter/milligram™
Bye-bye!
Don't worry
Be the hippie!
KEEP
100%PURE
STEP

建議想去 MMMG 朝聖的人可以參考各分店的特色：總店位在安國（Anguk），附設旗下新推出的咖啡店 MMMG Café；狎鷗亭分店有許多進口的創意商品；仁寺洞的 Ssamziegil 分店商品種類最齊全；而 N 首爾塔分店則有許多專為 N 首爾塔設計的特別紀念商品喔！

我個人最推薦的是明洞分店，交通方便，就在 Kosney 對面的街角，位於二樓，樓下是 By the Way 便利商店，很容易就找到了。這個分店的員工親切又可愛，結帳時還會送一個可愛的袋子，害我每次去韓國，荷包裡的鈔票都被 MMMG 吸走，看來以後一定要意志力夠強才能去。

早晨的最愛
MMMG CAFÉ 熱可可

MMMG®
CAFE & STORE
MMMG MMMG MMMG MMMG MMMG
CRUSHED ICE
green tea crushed ice
red bean crushed ice
9000

MMMG Café

多虧了韓國地鐵便利之賜，讓我每天早上都可以到 MMMG Café 享受熱可可（熱朱古力）搭配烤餅。

頭兩次去韓國的時候，得知我最愛的 MMMG 開了咖啡館，出國前便開始尋找資料，發現離我下榻的地方不遠，而且交通非常方便，就在仁寺洞附近而已，於是就排了朝聖的行程，打算去喝杯咖啡。起初只是想坐一下嘗鮮而已，後來卻變成只要人在韓國，每天早上非來不可的習慣。

MMMG®
CAFE&STORE
HEAD OFFICE
STORAGE
STORY
AND MORE
MMMG
CAFE & STORE
HEAD OFFICE
STORAGE
STORY
AND MORE
MMMG
CAFE AND STORE
OPEN 10:00 AM
CLOSE 11:00 PM
T. 3210-1604
mm mg

MMG
& STORE
OFFICE
ORAGE
TORY
D MORE

不是因為它們的咖啡裡加了什麼迷藥，而是 MMMG Café 融合了舒適的氛圍與一切賞心悅目的元素，這才是讓我非來不可的罪魁禍首，光是看到店面的擺設就讓我開始心癢了，打開門走進去，迎面而來的是復古的家具與氣氛，特別是具有 MMMG 風格的平面線條裝飾，好像正不斷對你發出親切的微笑。

如果一早就來的話，可以任意挑選位子，尤其是星期天早上，整家店就像為你一個人而營業似的，寬敞又安靜。我最喜歡的角落是內側窗戶旁的位置，因為椅子夠大，坐起來特別舒服，然後點一杯熱可可，表面飄著一球奶油，灑上七彩糖霜，裝在厚實的咖啡杯裡，杯子正是他們所販售的產品。

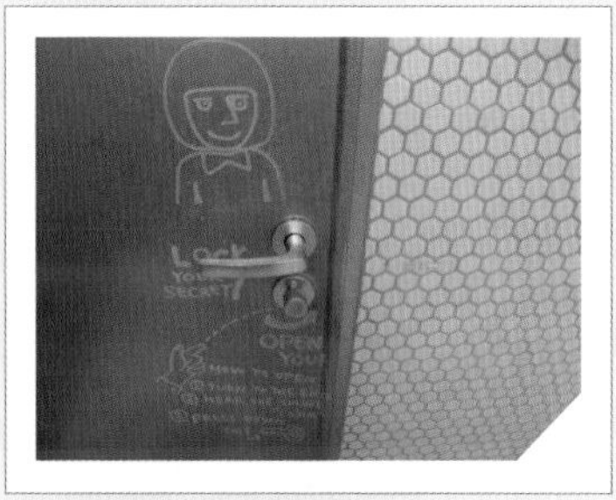

MMMG
millimeter milligr
153 angukdong Jongno
Seoul. korea
www.mmmg.net

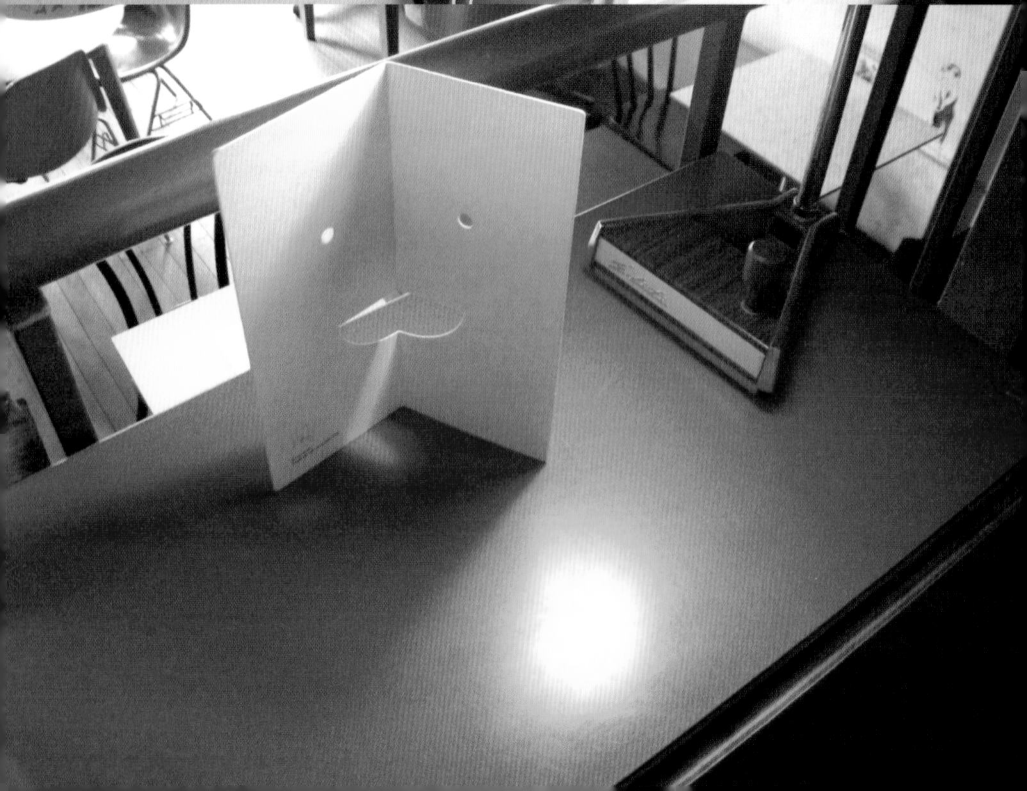

至於搭配的點心，每次我都會做些不同的嘗試，像是加了葡萄乾與覆盆子果乾的烤餅，有一種鬆軟的香甜口感，剛烤好時趁熱享用，便能為接下來的一天拉開閃耀的序幕；或者是早安三明治，烤得剛剛好的吐司（多士）夾著火腿與融化的起司（芝士），搭配小塊的醃黃瓜，吃起來一點都不膩。享受美好早餐的同時，一邊聽著從古董揚聲器流洩出的 Bossa Nova 音樂，還有什麼比用美食拉開序幕的早晨更令人愉悅的呢！

吃完之後就到了巡視店內的時間，穿著 MMMG 制服的年輕店員歡迎你盡情拍照，每天早上都以微笑迎接你的到來。MMMG Café 還有商品區可以逛，肯定能滿足你的視覺享受。坐在這裡喝著裝在 MMMG 杯子裡的咖啡，總覺得就是比自己在家泡的還好喝，難道這裡的杯子比較特別？於是就想把杯子買回家，倒進自己泡的咖啡，也許這樣就可以和 MMMG Café 的咖啡一樣好喝。不用猶豫，因為那些杯子們已經在架子上排排站，等著被你帶回家了。

走到二樓，除了有多種款式的桌子和椅子讓你放鬆身心，還有一道神祕的門通往 MMMG 的總公司，裡面是設計師創造出可愛商品的工作場所。有興趣的人可以帶杯冰沙進去參觀一下也不賴喔！

MMMG Café 每一季都有不同的菜單，如果是秋季來造訪，可別忘了試一下抹茶紅豆雪花冰的冰涼滋味，香甜的滋味保證會讓你跟著雪花冰一起融化！

每次來這裡點飲料或甜點，店家都會用托盤幫你送餐點，附贈一個可愛的別針讓你收集；用來墊餐具的墊子和紙巾也都可愛到讓人想一起帶回家；有些甜點上面會插個印有 MMMG 字樣的小旗子，也是不可錯過的收藏品。

MMMG café 怎麼去？

- 地鐵三號線（Subway Line 3）橘線，第 328 號站**安國站**（Anguk Station）1 號出口（從出口出來再直走約 200m 就會看到 MMMG Café 在街角）。

愛你，愛我

小心！閃光團出沒

許多曾經歷戰亂、貧窮的國家，當一切混亂平息、準備邁向開放國家之時，當年的鬱悶將轉化為年輕世代開放的愛情，韓國也是如此。

在這裡，可以看到年輕人對於表現愛情的舉止都相當開放，但不至於肉麻到讓人看不下去的程度，反而會覺得很溫馨，例如男女朋友手牽手逛街算是非常稀鬆平常的，路上幾乎每一對都會牽手、摟肩，甚至穿情侶裝，或風格一樣的服飾，再肉麻一點的就是坐在大腿上或親吻臉頰。

不只是情侶才會表現出愛意與關心之舉，就連朋友也會喔！路上經常看到女性朋友一起挽著手逛街，就連男性朋友也會搭著彼此的肩膀散步，這些都相當常見。當我看到人們如此由衷地表現出內心的真正情感時，都會覺得心裡也跟著溫暖了起來，明明天氣就很冷，但人與人之間的熱情卻能打敗冷風，讓人間處處有溫暖，你說是吧？

CAROUSEL
旋轉木馬

樂天世界 Lotte world

韓劇迷每次看到劇裡的男女主角去遊樂園玩旋轉木馬時，在美美的鏡頭、浪漫的氣氛下，都恨不得自己就是那個女主角對吧？戲劇中最受歡迎的旋轉木馬景點，就在樂天世界（Lotte World）啦！

樂天世界擁有室內與室外的遊樂場地，韓國年輕人也很喜歡來這裡約會，有超人氣的旋轉木馬和室內溜冰場（《浪漫滿屋》也曾在此取景），室外也有很多刺激的遊樂設施，週末時段來玩可要排隊排很久呢！樂天世界還設有購物商場，可說是全方面的大型娛樂中心。

我最喜歡在晚上搭乘樂天世界的纜車，纜車的路線能帶你繞遍整個園區，俯瞰下方所有的景點。選擇在晚上搭乘，是因為有華麗的燈飾、狂歡嘉年華會的舞台燈光及煙火表演點亮了整座園區，如果這個時候有另一半跟你一起坐在纜車裡觀賞，鐵定非常浪漫。

愛寶樂園 Everland

另一個不可錯過的遊樂園就是愛寶樂園（Everland）。這裡距離首爾約一個小時車程，園內還有動物園。相較之下，我喜歡這裡更勝於樂天世界，不只是因為佔地比較大，遊樂園的氣氛也更豐富。尤其是入夜之後，園方會用燈光照亮整個愛寶樂園，讓人有一種置身在童話世界中的錯覺。這裡的纜車會越過一座小山丘，眺望的景色更寬廣，傍晚時刻搭乘，氣氛特別好。

野生動物園區是我最喜歡的景點，遊客可以搭乘遊覽車進入開放式的動物園區，動物們不會被禁錮在籠子裡；園區還訓練熊熊們做一些表演（因為牠們好像知道遊客喜歡看，不時會做出一些可愛的動作，我不禁猜想應該是經過訓練的吧），當遊覽車開過，熊熊們就會跑到車子旁邊，有些還會站起來，可以近距離地看到熊臉，雖然體型大得有點嚇人，但還是很可愛。愛寶樂園還有獅虎（Liger），是獅子與老虎交配出來的動物，全世界數量極少，也是這裡的明星動物之一。

愛寶樂園的員工服裝很可愛，無論是清潔員、接待員，就連控制遊樂設施的員工，都穿上裝扮過的服裝、帽子、圍巾等，有些人頭上還戴了動物造型耳朵呢！為愛寶樂園增添不少娛樂色彩，他們也很歡迎跟遊客合照喔！

坡州出版城 & HEYRI 藝術村

咖啡館
Café
雜誌屋
magazine
house
gallery studio 攝影畫廊
design gallery 創意畫廊
museum
博物館

坡州出版城

在首爾逛累了，坐車到郊外走走吧！坡州市（Paju）位於北韓與南韓相接的邊界上，在朝鮮半島的中間位置，是韓國非常重要的一個城市。從市區出發，車程約四十五分鐘，幾乎沿路都可以欣賞到漢江的景色，接著才變成兩旁一棵接一棵的大樹護送你進入「坡州出版城」（PAJU BOOK CITY）。

到這裡之後，看到非常現代化的建築物時，可別太過驚訝，以為來到了從建築師設計稿裡跳出來的建築作品，或是未來感建築的模型世界。

事實上，坡州出版城是為了發展韓國出版工業所建立的城市，希望成為世界的印刷中心，這項計畫始於 1989 年，將全韓國與印刷和出版相關的公司全部集中到這裡，無論是出版社、印刷廠和造紙廠，甚至是代理銷售及運輸物流，還包括圖書館（尤其是針對青少年與兒童的出版品，這裡有專門收藏童書的圖書館）、書店、教育中心、博物館甚至是戲院和飯店。

ABE

hello!
哈囉

由於出版業擁有「團結力量大」的優良理念，才能將生產與印刷產業全集中在一起，其中一個原因就是為了擁有與其他企業議價的條件（尤其是造紙業，這可是出版業的最重要的成本之一），可以降低書籍的成本，對讀者來說也是一大福音，可以讀到優質好書，價格也不昂貴。

HEYRI 藝術村

從坡州出版城繼續坐車十五分鐘，來到 HEYRI 藝術村（HEYRI ART VALLEY），預計發展為北韓與南韓的邊界城市的計畫用地，希望將這裡變成充滿夢想、給人動力的一個地方。

最初是打算將這裡規劃成圖書村，延續坡州出版城的發展計畫，發展到後來開始有作家、藝術家、導演或音樂人在此聚集，圖書村反而演變成藝術村。這裡的建築就和坡州出版城一樣，都是非常現代化的建築與建材。

文青一定要來這兒！

HEYRI 藝術村裡有許多攝影畫廊，可以任你選擇喜歡的風格與藝術家，大部分作品都出自韓籍藝術家的創意，也有不少結合多項藝術活動的畫廊，像是 The Chocolate-Design Gallery，樓下是專門賣巧克力的複合式咖啡館，二樓展示各式各樣的巧克力工藝品，頂樓則是專門為巧克力迷舉辦的巧克力工坊；此外還有歷史博物館，透過各種媒體和創作品展現出時光倒流的氛圍，包括電影、音樂、動漫畫與玩具；也有展示異國文化的博物館，例如民間器具博物館（Folk Instrument Museum）集合了來自各國如日本、非洲等等的古代民間器具等等；當然還少不了書店、復古玩具店，以及隨處可見的精緻咖啡館。

每間咖啡館都各有特色，如雜誌屋（Magazine House）就放滿了來自世界各地的雜誌，可以一邊喝咖啡一邊翻閱；Book Café Bandi 咖啡館非常漂亮，三層高外牆造形是以圓形圖案包覆著木材，據說藏有四千多本書，樓下是咖啡座，地下室是展示藝術品的畫廊；過去一點是 Book House，主題與 Book Café Bandi 很像，都是咖啡館結合書店與畫廊，建築物本身有兩層樓，但造形很特別，是長條形的別緻建築。

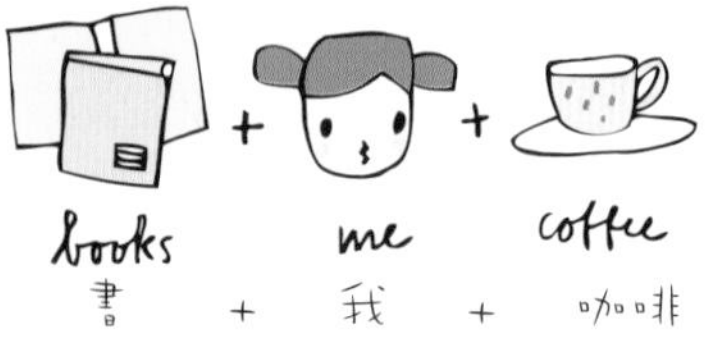

TOYMUSEUM
장난감
박물관
www.toymuseum.co.kr
R-1
장난감
박물관

the
chocolate
design gallery
the
chocolate
design gallery

Camerita Music Hall 則隱身在原色水泥建築裡，而且還把播音器藏起來，讓你誤以為正在播放的音樂是從牆壁的縫隙裡發出來的，坐在裡面會有一種錯覺，彷彿坐在專屬於你一人的音樂廳裡，這間咖啡館特別到連 Wallpaper 雜誌（英國著名的室內設計、時尚雜誌）都曾來採訪介紹，評選為韓國最炫的咖啡館。

就是要人擠人才好玩

建議想來這裡參觀，最好挑週六、日前來，可以看到比平日更明顯的人氣，就連韓國人假日也很喜歡來這裡玩。有次我在平日來到這裡，安靜得嚇人，詢問韓國朋友為什麼遊客這麼少，這裡明明有很多地方可以瀏覽、參觀，是個非常好的景點，朋友說因為距離市區比較遠，開車要比較久，但是如果有辦活動或嘉年華會的話，就會變得熱鬧無比。出版城和藝術村這兩個景點，都是韓國學生最常舉辦戶外教學的地點之一。

在坡州出版城與 HEYRI 藝術村，各個景點距離都相當遠，若是不喜歡走路，這裡也有單車可以出租。來這裡玩的時候，記得隨身帶著太陽眼鏡與帽子，因為太陽非常猛烈，而樹木還來不及長到能給人遮陽，但也有一個優點，你可以一覽無遺地欣賞到壯觀的建築群，正與城市裡不容易見到的藍天白雲交相輝映。

- 前往坡州出版城與 HEYRI 藝術村不難，有很多路線可以走，但是建議到**合井站**（Hapjeong Station）（二號線、六號線）轉乘巴士，第二號出口出來就是巴士站牌，注意 200 與 2200 路巴士，每十五分鐘發一班車，直接坐到坡州出版城，然後再到 HEYRI 藝術村，回程也是這樣搭車。建議先到 www.kobus.co.kr 查詢發車時刻，才可以估計回首爾的時間。

教保文庫 Kyobo Book

韓國有很多品牌的書店任你選擇，在各個區域如血拼區或商業區都可以找得到，大型、小型或提供專業書籍的書店都有，例如在弘益大學一帶，就會有藝術與創意相關書籍的主題書店。而我想要推薦的，是韓劇迷一定都很熟悉的書店場景——教保文庫的光化門分店。

教保文庫可說是南韓最大型且最受歡迎的連鎖書店之一，從地鐵五號線（Subway Line 5）紫線的光化門站（Kwanghwamun Station）3 號出口出來就可以看到了。這間書店佔地大得誇張，人潮也很多，提供各類書籍與雜誌，韓國朋友告訴我，韓國人之所以不需多厲害的英文程度就能念到博士畢業，是因為他們有韓譯版的各類教課書與翻譯書的緣故。

書店裡的雜誌區也很令人驚嘆，種類豐富到讓人眼睛一亮，幾乎所有進口雜誌都有韓譯版，像是 Vogue 在韓國甚至有兩個版本：Vogue 和 Vogue Girl，這還沒算到其他更多知名的國際雜誌。連我這個看不懂韓文的人，看著韓譯版的進口雜誌都不禁興奮了起來，因為整體質感真是太棒了。

這間教保文庫的另外一種魅力，在於它集結了韓國所有品牌的文具，依照風格分類，不管你喜歡誰的風格，都可以放在購物籃內選為己有。

VOYAGE
AGRÉABLE
COMME AVANT,
SUR UN NUAG-
FLEUR

FOOD!
韓國美食!

道地韓國美味

엿 麥芽糖
yeot

꿀타래 龍鬚糖
kkul-ta-lae

這道甜品是用麵粉做成一條一條的絲，包裹著花生或杏仁，冰過後再吃更美味，帶有微微的甜味和堅果的香氣。

핫도그 石鍋拌飯
Bibimbap

붕어빵 鯛魚燒
bung-ao-bbang

包著紅豆餡的鯛魚燒。天氣冷的時候，一定要來一隻鯛魚啊！

韓國小吃讚！！

국화빵 菊花麵包
Kuk-hwa-bang

길거리 과일 水果攤
(윗쪽은 체리 아래쪽은 산딸기)

到了夏季，就是把櫻桃與覆盆子裝在紙杯裡的季節。

어묵 魚板
ao-muk, odeng

단우지・김치
醃蘿蔔・泡菜

dan-mu-zi 與泡菜是標準的配菜，每一餐都會遇到的夥伴。

熱呼呼的最好吃！！

뽑기 麥芽糖餅
bbop-gi

호떡 韓式糖餅
ho-teok

屬於冬季的甜品，圓形煎餅內包了砂糖，熱呼呼地吃非常美味，可以讓身體暖和起來，但是要先冒著寒風排長長的隊伍。

떡볶이 炒年糕
tteok-bok-gi

고기 만두 包肉煎餃
go gi mandu

一種煎餃，外皮非常有嚼勁，內有甘甜的湯汁，滋味好極了。

5마리만원
OK!

MAP OF TOKYO
YOKOHAMA
TOKYO
TRAVEL

因為永遠有驚喜

我經常用天氣來表達心情……

每次天色始灰、烏雲匯聚，開始刮起數秒後鐵定會下雨的風，前一秒我才剛說出「天氣真好」，總是會從天空的表情裡讀出「這種天氣叫好嗎？」的趣味。我個人很喜歡這種天氣，喜歡這種「幽幽的灰色」的感覺，尤其是越接近下雨的時候心情特別好，可以集中注意力來思考一些事情，寫點文章或從咖啡館內觀看外面的人群，精神出奇的好，好到不知道該如何形容。

湊巧秋風也把我吹向韓國，呼吸那裡清爽的空氣。正準備將綠衣褪去換成紅衣的葉子，對西風的來訪表示歡迎之意，也把在韓國時蒐集的滿滿感動帶回來送給大家。

有人問過我，為什麼喜歡去同一個地方玩，不會無聊嗎？對啊，不會覺得無聊嗎？我回答：「一點都不會無聊。」就好像你喜歡吃某種甜品，吃的時候會很開心，於是想一而再、再而三地回味；如果是你喜歡的地方，充滿歡樂與感動，就是會讓你想一去再去，樂趣就在於去的雖是同一個地方，但每次造訪都有不同的驚奇，讓你驚喜連連……咦，這家是什麼時候來過的？那一家呢，上次來沒有看到啊，說完就馬上殺進去更新一下自己的首爾資料庫，看看這段時間到底新開了哪幾家店，興奮地去打個招呼。

想更貼近韓國一點嗎？讓我帶你去走一走，就從具有藝術氣息與好喝咖啡的弘益藝術大學一帶開始吧！

SPRING COME, RAIN FALL & autumn in my heart

春風去秋雨來 秋日童話

O-Check Design Graphic　環保文具店

被門口玻璃上貼的「創意暢貨中心（Design Outlet）」的貼紙給吸引進去，結果卻在這裡遇到了童年的氛圍——曬著暖暖的午後陽光，與同學一起跳橡皮筋，附近足球場上，暗戀的學長正在那邊踢球……

一種想念「小情人」（譯注：《My Girl》泰國溫情電影）的情懷在店內被喚醒，這是 0-Check Design Graphic 刻意製造的氣氛，厚厚布質封面的日記本、淡淡的米色紙、世界風景的明信片，若碰巧是自己去過的景點，也許會帶你回到過去美好回憶裡的場景中。店內的裝飾不多卻恰到好處，暖暖的陽光透過門前的透明玻璃，映射在木質地板和櫥櫃上，復古的溫潤木桌，更讓室溫回暖了好幾度，不時還能感受到巴黎的溫度潛藏在充滿創意的作品之中。

現在韓國非常風靡環保材質的產品，對環境友善的環保文具成了書房裡的主角，市面上出現很多高實用性的產品，到處都能買得到。0-Check Design Graphic 也是參與這股環保風尚的品牌，使用環保素材的紙與布料。新進品牌如 Eco Bridge 也來勢洶洶，全套的文具上繪製了自然奇趣的圖畫，還有用紙製造筆身的鉛筆，筆尖鈍了只要把紙撕掉一圈即可，我很喜歡這樣可愛的產品，讓人覺得只要使用了這些小物，就能參與到一點點保護地球的行動。

Cupcake Café Mayjune

0-Check Design Graphic 再過去一點，有一家杯子蛋糕店 Cupcake Café Mayjune，小小的店面販售著小小的蛋糕，可以選擇坐在店門口吃，也可以邊走邊吃，同樣美味卻別有情趣。

Venus Kitchen

當你認識了一個人，就會想更進一步認識對方，部分原因也許是出於我們使用同一種語言，這裡所謂的共同語言，指的不是講話用的語言，而是透過周圍各種物品所表達出來的訊息，正如 Venus Kitchen 透過當代風格表達出他們的語言——透過我喜愛的斯堪地納維亞（Skandinavien）式陶瓷器具和家具、Groovy Sound 的音樂、木質地板與水泥牆、布料上的花紋、花瓶中色澤甜美的花朵，還透過調味得宜的複合式韓國美食，無論石鍋拌飯或紫菜飯卷，調味都剛剛好，也有義大利麵喔（服務生是位韓國美女，她推薦 Myung-ran 義大利麵，是該店的招牌菜，一種白醬義大利麵）。

另外一個製造現代氣息的特點，就是服務生與廚師，一轉頭就會看到他們，全都是帶著青春氣息的年輕男女。透過廚房出菜口望去，可以看見帥哥廚師做料理時一派從容的姿態；一陣陣飄來的美食香氣激起了食慾，振奮了胃酸隨著音樂一同起舞了。

Venus Kitchen 於 2009 年開業，之前是氣氛超酷炫的花店，但現在沒有賣花，而是以一半 PUB、一半餐廳的形式經營。店內的裝潢是以鐵皮塗上天藍色的油漆，加上木質窗框與閃閃發亮的馬賽克拼貼，後來變成 PUB，然後才變成現在的 Venus Kitchen，提供早午餐和晚餐。入夜之後搖身變成安靜的 PUB，在這條小小的巷子裡展現出「花店」的另一種形態。

還有一點也很特別，從巷口到店外的整面牆壁，到處都有各種塗鴉壁畫，也是另一種視覺饗宴。

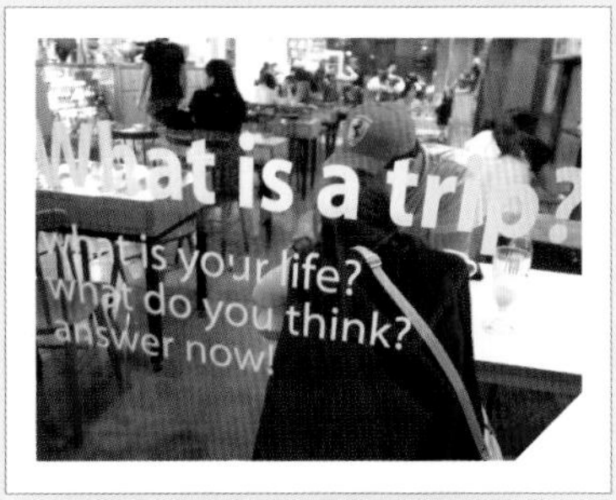

Café 1010　旅行主題咖啡館

世界很大，窗外還有很多很多新奇的事物等著你，Café 1010就是這樣一間支持你出走旅行、去發現眼前新鮮事的咖啡館。當我站在店門口的紅色貨櫃前，穿著船長服的可愛接待員會帶著微笑歡迎你到店內旅行。

Café 1010 於 2010 年開幕，是從韓國大型的購物網站（www.10x10.co.kr）分支出來的咖啡館，以紅色與白色為主題的裝飾非常可愛，每個小角落都藏有許多細節，桌上的透明玻璃下面放了來自各地的紙張和網站上販售的商品，以及來自其他城市如巴黎、倫敦、東京、紐約與曼谷的紀念商品，擺放在架子上、桌子上的，都是經過細心設計的呈現角度。

這家店的點餐方式非常別出心裁：在櫃台點餐或飲料，店員會給你一張像機票一樣的收據和領取餐點用的燈牌，當燈牌亮起紅光時就可以去領餐了；如果你點的是甜點套餐，還會隨餐附贈一套玩具。

我最喜歡的就是他們的集點護照，可以在上面寫下你來訪的紀錄，集滿二萬里程就可以兌換一張免費餐券；集點護照還有些空白處讓你記事，檢視你每一次旅行的情緒。

去過許多家咖啡館，就屬 Café 1010 的客人坐得最不安穩，不是因為這家店採取自助式消費的關係，而是店內的種種可愛細節，會讓人想一下子看看這邊，一下刻又想去看看那邊，把玩一下裝飾品。每位顧客也都隨身帶著必備武器：相機，盡情拍個過癮後，貨櫃內還有販售商品區隨你逛。

弘大學生的畫布

購物街西橋路（Seogyoro）兩旁的牆壁，是點綴弘益大學一帶的色彩之一，牆上畫滿了酷炫的塗鴉，有時也會畫上主攻年輕人的商品廣告，這裡最炫的一點是，每次都是以手工方式重新畫過，而不是用印刷覆蓋原來的塗鴉。

Romiwa Vintage 復古服飾專賣店

上次來這一帶的 Obok Gil 路，看到幾間店還關著等待裝修，這次來就看到全都鬧哄哄的開始營業了，而且好幾間是走復古路線呢！

眼前這間粉紅色的店，以濃濃的復古風格與懷舊氣氛迎接你的到來，店裡掛著「粉室」（Powder Room，客用化妝室、補妝室）的牌子，令人不禁想起上個年代的服裝設計店。

Romiwa Vintage 還有販售 50 到 80 年代的復古二手服裝，除了裝潢色彩鮮豔之外，裝飾也很絢麗，符合現代人的喜好，即使是二手物品也都整理得乾乾淨淨，整個空間充滿了可愛的元素，讓人忍不住想穿梭時光，一起當個復古女孩。

看到手上小紙袋裡的黃色洋裝後，我才發現 Romiwa Vintage 的特別之處，就在架上的一本小書裡，乍看之下還以為是裝飾品，若沒有打開來看，根本不知道 Romiwa Vintage 的主人是 Lee Yu-mi，她有另一個大家耳熟能詳的名字：Romi（我猜想她是韓國的時尚名人之一吧）。Romi 小姐曾出書發表關於自己喜愛復古風格的故事，後來便開了這間 Romiwa Vintage。除這家實體店面之外，還有專屬的購物網站，曾有多本韓國雜誌推薦，理由正是 Romi 小姐安排的親切氣氛，我想她本人的可愛程度一定不輸給她擅長的可愛裝飾。

嘰嘰咕咕

我去的那一天在店裡遇到一位打扮妖豔的阿姨，我猜她年輕時一定也是辣妹一個。阿姨非常可愛，面帶笑容地親切招呼顧客，也許店裡的衣服除了 Romi 小姐的，也夾雜了阿姨的衣服在其中喔！

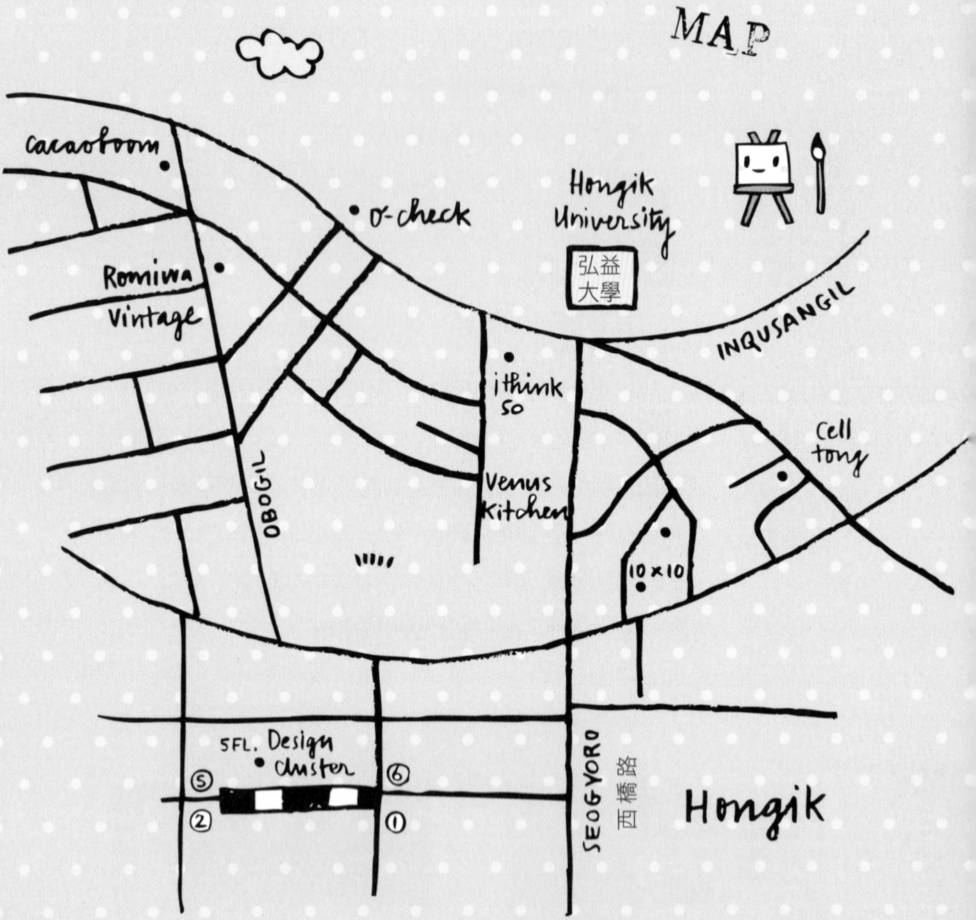

弘益大學怎麼去？

地鐵二號線（Subway Line 2）綠線，第 239 號**弘益大學站**（Hongik University Station）6 號出口。

SAMCHEONG-DONG

三清洞·遊皇宮·喫茶去

景福宮 Gyeongbokgung

景福宮（Gyeongbokgung）是必去的景點之一，名列韓國旅行一定要造訪的景點前幾名，無論是自助旅行或跟團，至少都會去參觀一次，不然就好像沒有去過韓國一樣。尤其是在景福宮前拍照，或與守門的軍人來張合照，是觀光客都會做的事。

雖然景福宮古時的宏偉壯觀已被破壞，但經過整修後已非常接近原來的樣貌。在這裡除了邊散步邊欣賞韓國的古代建築，我最喜歡景福宮內的庭園，管理人員非常用心地照顧樹木花草，打造成一座漂亮寧靜的園林，下次來這裡，和景福宮前的軍人打完招呼後，不妨走到後面的庭園散個步吧！

景福宮周圍的景觀也別有一番風情，這一帶街景透過各個皇宮連結到現代的高樓大廈，而通往三清洞的道路剛好介於古代與現在之間，正要將我們送往未來的每一天。

dar:l
handmade
clothes & accessories
open Am 11:30
close Pm 10:00
T. 02)720-4534

三清洞

前往三清洞途中有購物與藝廊街道，路邊兩旁栽有高大的銀杏樹，樹上滿滿的銀杏葉看起來歷經不少風霜。高大的銀杏樹幹使得飄著小雨的天氣更加迷人，這條街道會隨著季節變換成紅色與黃色，來到這裡，不知不覺就會將都市裡忙碌緊湊的生活節奏拋在外頭。

我很喜歡三清洞的街景，路旁滿是老舊的磚房，道路彷彿山路般曲折又帶著層次，依舊保留著原始的風貌，即使加入現代化的咖啡館和各種商店，卻毫無違和之感，把新舊文化結合得恰到好處。

咖啡廳與餐廳

在這條街道上隨時都可以坐下喝杯咖啡，從街道起點到終點，到處都有複合式餐廳，尤其義大利餐廳和養生有機美食館特別多。如果願意多走點路、多爬幾段樓梯，還能看到各式咖啡館，有摩登的新式建築或是用舊建築重新裝潢的，也有利用老屋改建的，另外還有主題式的咖啡館也很有趣，像 Book Café 就是結合咖啡館與圖書館，有滿櫃的書籍任你挑選，也可以自己帶書去店內享受專心讀書的樂趣喔！

我注意到首爾有好多店家或地方的牆壁上流行寫一些文字，像是 62-16 by Teastory 就有可以讓客人隨意塗鴉的牆壁，最常出現的就是示愛或許願的內容。

除了可以在 N 首爾塔套上情侶鎖之外，有很多街道、建物的牆壁也都盡情利用這項賣點，任人在上頭盡情揮灑，另外還有把寫上字句的磁磚貼滿牆壁的新玩法！

Toykino Gallery　電影主題藝廊

三清洞一帶除了有很多咖啡館和餐廳之外，還穿插一些藝廊，有些是展示當代藝術、繪畫作品、印刷作品或專門主題的特別藝廊，例如 Toykino Gallery。

Toykino 來自兩個字的組合，一個是 Toy 玩具，與 Kino 電影，合在一起就成了蒐集各種玩具與電影紀念品的藝廊，也包括電視劇的紀念產品。門票 3000 韓幣，可以看到許多電影的玩具產品，如「星際大戰」系列、外星人 E.T.、辛普森家族等等，或近期一點的「玩具總動員（Toy Story）」也有，進去走一趟，拍些照片，如果是喜愛電影的玩家一定會看得不亦樂乎。

三清洞怎麼去？

- 地鐵三號線（Subway Line 3）橘線，第 327 號**景福宮站**（Gyeongbokgung Palace Station）5 號出口出來再走大約十五分鐘，這個出口適合想要先去景福宮的人。
- 地鐵三號線（Subway Line 3）橘線，第 328 號**安國站**（Anguk Station）1 號出口，往正讀圖書館（Jeongdok Public Library）。

MAP

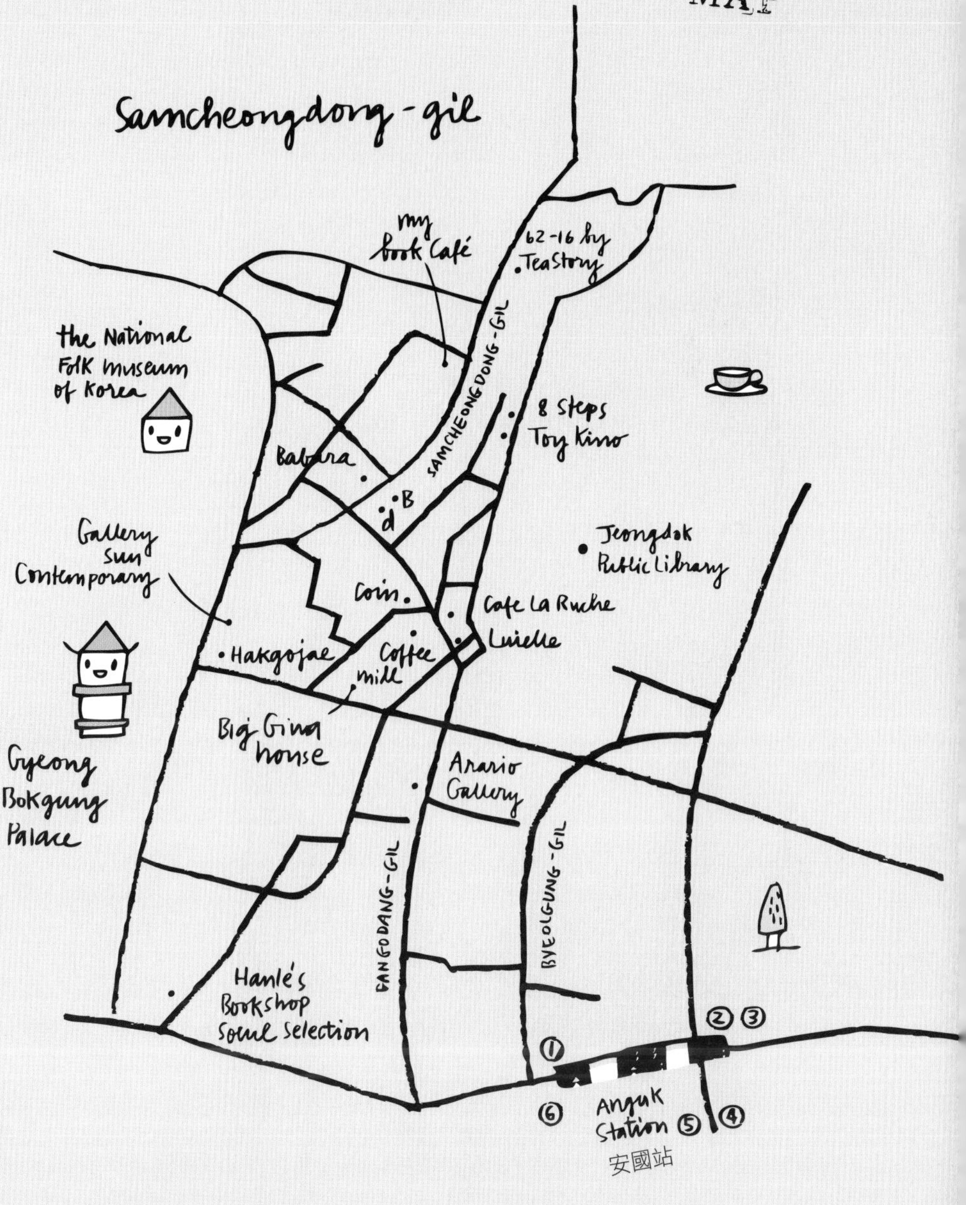
Samcheongdong-gil
my book Café
62-16 by TeaStory
the National Folk Museum of Korea
SAMCHEONGDONG-GIL
8 Steps
Toy Kino
Babara
B
d
Jeongdok Public Library
Gallery Sun Contemporary
Coin
Cafe La Ruche
Luielle
Hakgojae
Coffee mill
Big Gina house
Gyeong Bokgung Palace
Arario Gallery
GAMGODANG-GIL
BYEOLGUNG-GIL
Hanle's Bookshop Seoul Selection
① ② ③ ④ ⑤ ⑥
Anguk Station
安國站

Mercury Comet
CYCLONE GT
C

GAROSU-GIL
當歐洲與美洲在首爾相遇

新沙洞

剛從新沙站走出來，問了路邊一位阿姨：「請問哪個出口離新沙洞最近？」阿姨先是想了一下，好像突然知道什麼似的，喊了一聲：「喔……」，然後對著我微笑道：「是不是要去 Garosu-gil？」接著為我們指路。

新沙洞是正式官方的名稱，而 Garosu-gil 是人們口頭的稱呼，但無論是用什麼名稱，都是指同一個目標。從第八號出口一路走過來，更讓我相信跟著人群走鐵定不會迷路，走到路口時果然有一家咖啡店正等著迎接我，加上聳立的銀杏樹，正是 Garosu-gil 這一帶的特色，意思就是「行道樹街」。

Garosu-gil 連接著江南與狎鷗亭，其獨特風貌也不輸給其他地方，這裡以最具歐洲風情的特點聞名，但我反而覺得這裡帶點美洲的味道，可以從匯聚了各個美國精品名牌店看出來。

許多國際名牌精品都選擇在這一帶設立全首爾唯一的店面，Garosu-gil 的魅力還不只如此，隨處可見酷炫的咖啡館，幾乎每一家都高朋滿座，還有迎合年輕人與觀光客的複合式韓國餐廳，以及蒐集許多來自世界各地精品的店家，使得這一帶充滿了異國風味混合著當地泡菜的味道，成為一種全新的獨特風味。

Coffeesmith 人氣咖啡館

這裡是 Garosu-gil 的地標，幾乎每個韓國人都知道這間咖啡館，醒目的店面就位在街頭入口擔任迎賓角色，佔有地利之便，店內一直都是人氣滿滿。店內利用挑高的天花板營造一種像置身在大廳裡的氣氛，微暗的光線喚醒專注力，加上濃郁的咖啡香與蛋糕櫃裡的提拉米蘇，讓人忍不住愛上這裡。你可以選擇坐在安靜的二樓，或坐在樓下陽台看著來來去去的年輕男女，會激起不少靈感喔！

Bookbinders Design
瑞典文具品牌

文具用品是我在韓國最喜歡購買的東西之一，這裡有一些品牌文具，設計漂亮、酷炫、可愛，一點都不輸給國外的品牌，而且很容易買到，因為一般書店和禮品店都會出現它們的身影，反而是進口的文具品牌在這裡較少看到，比在日本設櫃的還少，但再怎麼難找，還是被我找到了 ^_^

Bookbinders Design 是來自瑞典的文具專賣店，飄洋過海跑來首爾開設分店，依舊保持著瑞典的原汁風味，提供多種經典品牌的文具，尤其是喜歡 Lyra 這個牌子的人有福了，因為店家特別規劃一區專門陳設漂亮的鉛筆、顏料與橡皮擦等等。

這家店依舊維持著保留感動與回憶的品牌精神，所以販售的各式文具著重在可以繼續發揮創意的用途，像是相簿區、日記本區與剪貼簿區等等。Bookbinders Design 的一些分店甚至還提供舊式的裝訂服務，在這種電子化的時代已經不容易看到了。

還有一家值得一去的文具禮品店 Keeper's Workshop，主要販售漂亮的禮物包裝紙，以及一些製作剪貼簿的材料和別緻的紙盒，也提供名片印製服務與各種卡片。我喜歡店裡一處擺放單桌的角落，有一種對自己所設計的產品付出關懷的感覺。

Thimbloom　手作家飾精品

這個奇怪的店名來自兩個單字，一個是 Thimble ，指的是裁縫使用的指套，以及 Loom ，意思是紡織機，合在一起就變成限量提供手工製布作產品與居家飾品的精品店。

店內大部分商品是從日本進口，包括幼兒衣服、陶瓷器具、服裝與飾品，靜靜地放在各個角落，店家所採購的商品也都迎合該店的風格：沒有花俏的樣式，著重端莊氣質與耐用性。靜靜地在店內瀏覽挑選，一邊聽著輕柔的 Basa Nova 音樂，即使一個人也可以樂在其中。

Garosu-gil 這一帶有很多服飾店，不輸給首爾的任何一區，無論是鞋店、飾品店、流行服飾店等等，都會隨著季節轉換提供最新款式，有時候甚至讓人覺得他們換季的速度比其他地區還要領先一季。大部分店家都有自己的網路商城，而這些店面比較像一個展銷用的實體店面，專為那些想買又不敢在網路上買，希望先來店裡看看實際商品的人而開，店裡的衣服大都僅此一件，如果想要更大或更小的尺寸，必須先下訂單再過來取貨。店裡也有電腦可以連上他們的購物網站，透過商品圖片來挑選，看模特穿起商品是如此美麗，也能激起消費者的購物欲望。經由模特兒試穿先評估款式，然後再去看實際布料，也是種稍微理性一些些的消費方式。

備註：

之所以說是「一些些」，是因為女孩們不管有看到或沒看到實際的東西，一旦想買，那種意念的力量之強大，任誰都阻止不了，這種事女孩們最瞭解了。

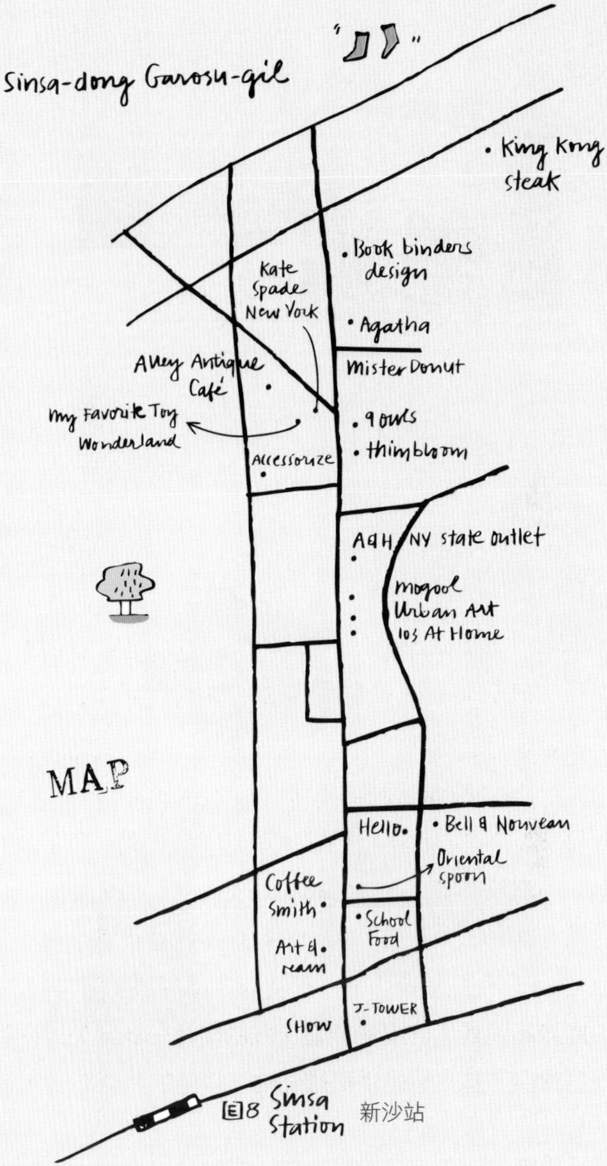

新沙洞怎麼去？

地鐵三號線（Subway Line 3）橘線，第 337 號**新沙站**（Sinsa Station）8 號出口。

KOREA 4天3夜・首爾這樣玩

Day 1

景福宮 —— 三清洞 —— 仁寺洞 —— 明洞

this way!

仁寺洞 Insa dong

來到首爾市中心的寺廟區，除了景福宮，在同一圍牆內還有國立民俗博物館（National Folk Museum），你可以從三清洞走到仁寺洞，如果走累了，就到 MMMG Café 先歇腳，再繼續殺進仁寺洞，也是不錯的選擇。

Day 2

坡州 —— 清溪川 —— 東大門

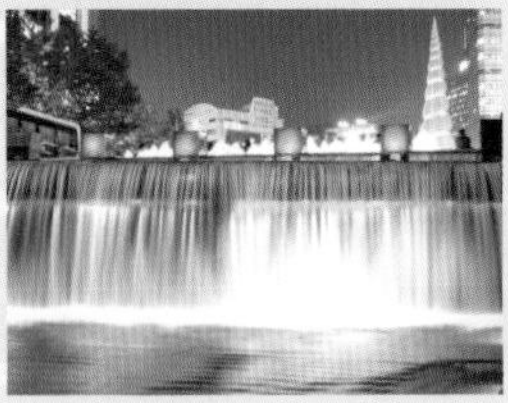

Cheonggyecheon

這天一早就先搭車離開市區前往坡州出版城，傍晚回到市區，去看清溪川的水燈造景，然後再到東大門的三棟購物大樓血拚，想逛到多晚就逛多晚！

Day 3

江南 —— 狎鷗亭 —— Garosu-gil

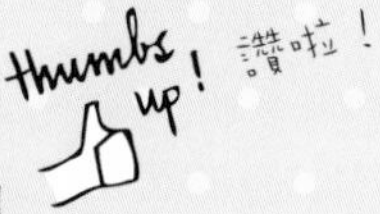

Platoon Kuns thalle

如果還有時間，可以到以三個貨櫃接在一起建造的超炫 Platoon Kunsthalle，裡頭不僅展示許多藝術作品，同時還販售流行服飾，也有酒吧可以坐下來喝一杯，隨著 DJ 的音樂，令人感到無比的放鬆。

Platoon Kunsthalle 就在鶴洞站（Hak-dong）（第 73 號站）第十號出口。

Day 4

首爾塔 —— 弘益 —— 信川 —— 梨花

Seoul Tower
首爾塔

無論想在白天上 N 首爾塔遠眺景緻，或是晚上逛街完再去看夜景都可以，兩種景色都很美。打算早上去的人，建議先去南山公園散個步，呼吸新鮮空氣之後再去搭乘纜車。

打算去愛寶世界的人，也許要規劃一整天的時間喔！因為要加上搭車來回的交通時間。

A BIT OF
MATTER AND
LITTLE

FLEUR
VOYAGE
AGRÉABLE
COMME AVANT,
SUR UN NUAG.

首爾旅遊交通資訊看這裡！

● 韓國觀光公社→交通查詢（正體中文）

http://www.tour2korea.com/

韓國旅遊官方網站，有韓國各地詳盡的海、陸、空交通資訊，在查詢頁面上輸入出發地點並勾選想乘坐的交通工具，就可以找到最適合的交通建議。此外還有住宿、景點、美食、購物指南，以及自助旅行所需的簽證、通關、外幣兌換等說明。

● i Tour Seoul 首爾市官方旅遊資訊網站→首爾地圖（正體中文）

http://maps.visitseoul.net

只要在地圖上輸入出發地和目的地便可以搜尋到搭乘路線。不僅可以預估移動所需時間及交通費用，還有公車、巴士和地鐵的換乘資訊。另外，網站還提供首爾各類藝文活動訂票及文化觀光解說員的預約服務。

● 地鐵 1～4 號線資訊：首爾地鐵（正體中文）

http://www.seoulmetro.co.kr/eng/

● 地鐵 5～8 號線資訊：首爾鐵路公社（英文）

http://www.smrt.co.kr/main/index/index002.jsp

● 地鐵 9 號線資訊（英文）

http://www.metro9.co.kr/eng/index.jsp

600m 북촌생활사박물관
Bukchon Museum
800m 부엉이박물관
Owl Art and Craft Museum
200m 세계장신구박물관
World Jewellery Museum
500m 토이키노박물관
TOYKINO Museum
550m 북촌동양문화박물관
Asian Art Museum
박물관길
766-1900

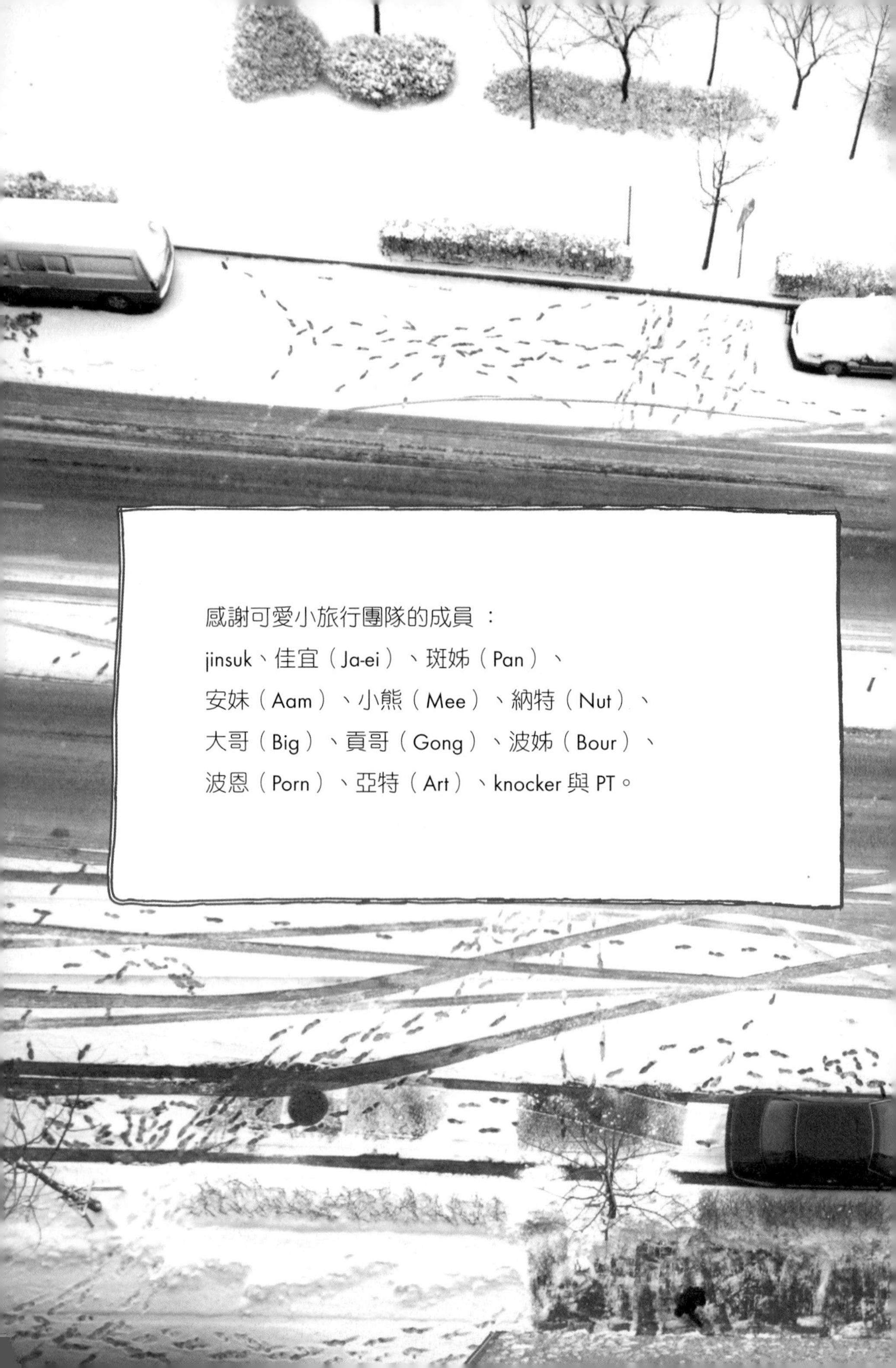

感謝可愛小旅行團隊的成員 ：
jinsuk、佳宜（Ja-ei）、斑姊（Pan）、
安妹（Aam）、小熊（Mee）、納特（Nut）、
大哥（Big）、貢哥（Gong）、波姊（Bour）、
波恩（Porn）、亞特（Art）、knocker與PT。

김치
김치
김치
김치
김치
김치
김치
김치
김치